THIRTY-EIGHT LATIN STORIES

DESIGNED TO ACCOMPANY
FREDERIC M. WHEELOCK'S

LATIN: **AN INTRODUCTORY COURSE
BASED ON ANCIENT AUTHORS**

COMPOSED BY
ANNE H. GROTON
AND **JAMES M. MAY**

THIRD, REVISED EDITION 1989

BOLCHAZY-CARDUCCI PUBLISHERS, INC.
WAUCONDA, IL

COVER BY LEON DANILOVICS

© Copyright 1986
Bolchazy–Carducci Publishers, Inc.
1000 Brown Street
Wauconda, IL 60084

Third revised edition. 1989

Printed in the United States of America

International Standard Book Number
0–86516–233–6

Library of Congress Catalog Number
86–71229

FOR OUR STUDENTS AT ST. OLAF COLLEGE

FOREWORD TO THE THIRD EDITION

These thirty-eight Latin stories are designed specifically for use with Frederic M. Wheelock's *Latin: An Introductory Course Based on Ancient Authors*. The first eighteen are our own compositions, often inspired by Ovid; each recounts a tale from classical mythology. The last twenty are adaptations of passages (ones that we find interesting as well as instructive) from Caesar, Catullus, Cicero, Horace, Livy, Petronius, Pliny, Quintilian, Sallust, Terence, and Vergil. Poetry has been recast as prose. We have drawn heavily upon Cicero since he is the author most frequently represented in Wheelock's Locī Antīquī and Immūtātī, for which our stories, gradually increasing in complexity, are intended to be preparation. For the most part, the vocabulary and the grammatical constructions used in each story are those to which students would have been introduced by the time they reached a particular chapter in Wheelock; any unfamiliar words or constructions are explained in the marginal notes, which also supply background information necessary for understanding the stories. To aid students, we have marked all long vowels with macrons and included a glossary at the back of the book.

It is our hope that these stories, most of which we have already used with success in our beginning Latin classes at Saint Olaf College, will be a valuable supplement to an excellent textbook and will help students make the transition from memorizing vocabulary and grammatical rules, to reading and appreciating "real" Latin. We are grateful to our anonymous reader, who generously donated his time and expertise to make the stories as free of errors and barbarisms as possible; any mistakes that remain are our own.

In this third, revised edition we have endeavored to incorporate the suggestions of several friends and colleagues (especially Richard A. LaFleur and Stephen G. Daitz) who have used this book in their classes. To that end we have added a table of contents, a short introduction to each story, line-numbering, and vocabulary inadvertently omitted in the previous editions.

We have opted to include only a few additional grammatical glosses. It is our conviction that in order for our students to learn to read Latin more effectively, they must, as soon as possible in their careers, confront passages that, though difficult, are nevertheless representative of Latin syntax and idiom.

Finally, we have attempted to rid the text of typographical errors and to supply any missing macrons.

TABLE OF CONTENTS

PANDORA'S BOX

GRAMMAR ASSUMED:

First & Second Conjugations;
Cases; First Declension;
Agreement of Adjectives;
Second Declension Masculine
Nouns & Adjectives; Word Order

WHEELOCK: CHAPTERS 1–3

The story of Pandora and her curiosity is one of the most famous tales from classical mythology. Hesiod, an ancient Greek writer, presents this version of the myth in his long didactic poem, **Works and Days.**

Iapetus duōs fīliōs, Promētheum et Epimētheum, habet. Promētheus est vir magnae sapientiae; Epimētheus est vir sine sapientiā. Iuppiter Epimētheō bellam puellam, Pandōram, dat. Promētheus Epimētheum dē Pandōrā saepe monet: "Ō
5   Epimētheu, errās! Perīculum nōn vidēs. Nōn dēbēs puellam accipere." Epimētheus Pandōram amat; dē perīculō nōn cōgitat. Iuppiter Epimētheō arcam dat; nōn licet arcam aperīre. Sed Pandōra est cūriōsa: "Quid in arcā est? Multa pecūnia? Magnus numerus gemmārum?" Puella arcam aperit. Multae
10 fōrmae malī prōvolant et errant! Sed Pandōra spem in arcā cōnservat. Etiam sī vīta plēna malōrum est, spem semper habēmus.

VOCABULARY:

Īapetus, -ī, m.: Iapetus, one of the 12 Titans, children of Earth (Gaea) and Heaven (Uranus)

duōs: two

Promētheus, -eī, m.: Prometheus; the name means "one who thinks ahead"

Epimētheus, -eī (vocative Epimētheu), m.: Epimetheus; the name means "one who thinks afterwards"

Iuppiter, Iovis, m.: Jupiter, king of the gods (3rd declension)

bellam: pretty, charming

Pandōra, -ae, f.: Pandora, first woman ever created; made by Vulcan at Jupiter's command; given beauty, skills, intelligence, and other gifts by each of the gods; her name means "the all-gifted one"

perīculum, -ī, n.: danger (2nd declension neuter)   5

accipiō, -ere (3rd-iō conjugation): to receive, accept

arca, -ae, f.: box, chest

licet: it is permitted (+ infinitive)

aperiō, -īre (4th conjugation): to open (aperit = she opens)

sed (conjunction): but

cūriōsa: curious, inquisitive

gemma, -ae, f.: jewel, gem

malum, -ī, n.: bad thing, evil, misfortune (2nd declension neuter)   10

prōvolō, -āre: to fly out, rush forth

spēs, speī (accusative spem), f.: hope, the one good thing in Pandora's box; it remains there forever, helping to make human life bearable (5th declension)

etiam (adverb): even

plēna: full (+ genitive)

THE TRAGIC STORY
OF PHAETHON

GRAMMAR ASSUMED:

Neuters of the Second Declension;
Summary of Adjectives;
Present Indicative of **Sum;**
Predicate Nouns & Adjectives

WHEELOCK: CHAPTER 4

This myth illustrates the foolishness of attempting a task before one is pre-pared for it.

Phaethon est fīlius Phoebī. Amīcus Phaethontis dē fāmā
dīvīnae orīginis dubitat: "Nōn es fīlius deī. Nōn habēs dōna
deōrum. Nōn vēra est tua fābula." Magna īra Phaethontem
movet: "Fīlius deī sum! Phoebe, dā signum!" vocat
5   Phaethon. Phoebus puerum auscultat et sine morā volat dē
caelō. "Ō mī fīlī, quid dēsīderās?" Phoebus rogat. "Pecū-
niam? Sapientiam? Vītam sine cūrīs?" Respondet Phaethon,
"Habēnās habēre et currum sōlis agere dēsīderō." Ō stulte
puer! Malum est tuum cōnsilium. Nōn dēbēs officia deōrum
10   dēsīderāre. Phoebus fīlium monet, sed puer magna perīcula
nōn videt. Equī valent; nōn valet Phaethon. Currus sine vērō
magistrō errat in caelō. Quid vidēmus? Dē caelō cadit
Phaethon. Ō mala fortūna!

VOCABULARY:

Phaethon, -ontis (accusative **-ontem**), m.: Phaethon (3rd declension)
Phoebus, -ī, m.: Phoebus, the sun-god
dīvīnus, -a, -um: divine
orīgō, orīginis, f.: origin (3rd declension)
dubitō, -āre: to doubt, be doubtful
deus, -ī, m.: god
fābula, -ae, f: story, tale
signum, -ī, n.: sign, proof

auscultō, -āre: to listen to, hear   5
volō, -āre: to fly
caelum, -ī, n.: heaven, sky
dēsīderō, -āre: to desire
rogō, -āre: to ask, inquire
respondeō, -ēre: to answer
habēna, -ae, f.: strap; (plural) reins
currus, -ūs (accusative **-um**), m.: chariot (4th declension)
sōl, sōlis, m.: the sun (3rd declension)
agō, agere (3rd conjugation): to drive

sed (conjunction): but   10
equus, -ī, m.: horse
cadō, -ere (3rd conjugation): to fall; **cadit** = he falls

THE ADVENTURES OF IO

GRAMMAR ASSUMED:

First & Second Conjugations,
Future Indicative Active;
Adjectives of First & Second
Declensions in **-er**

WHEELOCK: CHAPTER 5

A myth that explains the reason behind a natural phenomenon, as the following story does, is called "aetiological."

Iuppiter, rēx deōrum, pulchram Īō amat; tum īram Iūnōnis metuit. Mūtat igitur fōrmam Īōnis: "Iūnō nōn puellam, sed bovem vidēbit," Iuppiter cōgitat. Iūnō nōn stulta est: "Habēsne dōnum, mī vir? Dabisne bellam bovem Iūnōnī?
5 Dā, sī mē amās!" Iuppiter igitur Iūnōnī bovem dat. Cum bove remanet magnus custōs, Argus. Argus centum oculōs habet. Mercurius Argum superat, sed Īō nōndum lībera est: malus asīlus cum bove manet. Īō errat per terrās; multōs populōs videt, sed vēram fōrmam suam nōn habet. Misera puella!
10 Habēbisne semper fōrmam bovis? Nōnne satis est tua poena? Īra Iūnōnis nōn perpetua est: Iuppiter Īōnī vēram fōrmam suam dat; tum Īō fīlium gignit. Centum oculōs Argī vidēbitis in caudā pāvōnis.

VOCABULARY:

Iuppiter, Iovis, m.: Jupiter (3rd declension)

rēx, rēgis, m.: king (3rd declension)

deus, -ī, m.: god

Īō, Īōnis, Īōnī, Īō, f.: Io, a Greek maiden (3rd declension)

Iūnō, Iūnōnis, Iūnōnī, f.: Juno, Jupiter's wife (3rd declension)

metuō, -ere (3rd conjugation): to fear

mūtō, -āre: to change

sed (conjunction): but

bōs, bovis, bovī, bovem, bove, f.: cow (3rd declension)

cum (preposition + ablative): with   5

custōs, -tōdis, m.: guard, watchman (3rd declension)

Argus, Argī, m.: Argus, large monster

centum (indeclinable adjective): one hundred

Mercurius, -iī, m.: Mercury, the messenger-god

nōndum (adverb): not yet

līber, lībera, līberum: free

asīlus, -ī, m.: gadfly

per (preposition + accusative): through

terra, -ae, f.: land, country

suus, -a, -um: her own

miser, misera, miserum: unfortunate, wretched

nōnne: introduces a question expecting a positive answer   10

perpetuus, -a, -um: perpetual

gignō, -ere (3rd conjugation): to produce, give birth to

cauda, -ae, f.: tail

pāvō, pāvōnis, m.: peacock (3rd declension)

THE CURSE OF ATREUS

GRAMMAR ASSUMED:
Future & Imperfect Indicative
of **Sum**; *Present, Future, &*
Imperfect Indicative of **Possum;**
Complementary Infinitive

WHEELOCK: CHAPTER 6

The sad fate of Atreus and his family was a popular subject in ancient literature, especially Greek and Roman tragedy.

Fīliī Pelopis erant Atreus Thyestēsque. Thyestēs uxōrem Atreī corrumpit; tum Atreus vitium invenit et tolerāre nōn potest. Īnsidiās igitur contrā frātrem cōgitat: "Īra mē movet! Fīliōs parvōs meī frātris necābō secābōque. Tum membra coquam
5   et Thyestae cēnam dabō." Necat puerōs; Thyestēs suōs fīliōs mortuōs in mēnsā videt. Ō miser Thyestē! Nihil nunc habēs. Sed, ō Atreu, propter tua magna vitia fīliī tuī magnās poenās dabunt. In animīs fīliōrum tuōrum manēbit tua culpa antīqua; erit perpetua. Quid dēbēmus dē tuīs īnsidiīs cōgi-
10 tāre, ō Atreu? Tuam īram nōn poterās superāre; mala igitur erit semper tua fāma. Tē tuamque vītam paucī bonī, sed multī malī laudābunt.

VOCABULARY:

Pelops, Pelopis, m.: Pelops, mythical Greek king (3rd declension)

Atreus, -eī (vocative **Atreu**), m.: Atreus (2nd/3rd declension)

Thyestēs, -ae (vocative **Thyestē**), m.: Thyestes (1st declension)

corrumpō, -ere (3rd conjugation): to seduce

uxor, uxoris (accusative **-em**), f.: wife (3rd declension)

inveniō, -īre (4th conjugation): to find, discover

tolerō, -āre: to bear, tolerate

contra (preposition + accusative): against

frāter, -tris (accusative **-trem**), m.: brother (3rd declension)

necō, -āre: to kill

secō, -āre: to cut up

membrum, ī, n.: limb, part of the body

coquō, ere (3rd conjugation): to cook (**coquam** = I will cook)

cēna, -ae, f.: dinner, meal   5

suus, -a, -um: his own

mortuus, -a, -um: dead

mēnsa, -ae, f.: table

miser, misera, miserum: unfortunate, wretched

nunc (adverb): now

CLEOBIS AND BITON

GRAMMAR ASSUMED:
Third Declension: Nouns

WHEELOCK: CHAPTER 7

The Greek historian Herodotus records this tale; statues sculpted in honor of Cleobis and Biton can be seen today in the museum at Delphi.

Cleobis Bitōnque erant fīliī Cȳdippēs. Cȳdippē erat sacerdōs deae Iūnōnis. Vidēre magnam statuam Iūnōnis Cȳdippē dē-sīderat. Sed procul est statua, et Cȳdippē nōn ambulāre potest; puerī bovēs nōn habent. Cleobis Bitōnque Cȳdippēn
5 amant; ipsī igitur plaustrum tractāre audent. Labor erat arduus, sed fīliī Cȳdippēs rōbustī erant. Cȳ-dippē statuam videt; tum Iūnōnī supplicat: "Ō pulchra dea! Cleobis Bitōnque bonōs mōrēs et virtūtem habent. Dā igitur meīs fīliīs optimum praemium." Propter precēs Cȳdippēs
10 Iūnō puerīs sine morā mortem sine dolōre dat. Cleobis Bitōn-que nunc beātī in perpetuā pāce sunt.

VOCABULARY:

Cleobis, -is, m.: Cleobis, a Greek youth
Bitōn, -ōnis, m.: Biton, Cleobis' brother
Cȳdippē, -ippēs, -ippae, -ippēn, f.: Cydippe
sacerdōs, -dōtis, f.: priestess
dea, -ae, f.: goddess
Iūnō, -ōnis, f.: Juno, queen of the gods
statua, -ae, f.: statue
dēsīderō, -āre: to desire
procul (adverb): far away
ambulō, -āre: to walk
bōs, bovis, m.: ox

ipsī: (they) themselves (m. pl. nominative)   5
plaustrum, -ī, n.: wagon, cart
tractō, -āre: to pull
arduus, -a, -um: steep, difficult, hard
rōbustus, -a, -um: strong, hardy
supplicō, -āre: to pray to (+ dative object)
optimus, -a, -um: best
praemium, -iī, n.: reward
prex, precis, f.: prayer

mors, mortis, f.: death   10
dolor, -ōris, m.: pain, grief
nunc (adverb): now
beātus, -a, -um: happy, fortunate

LAOCOÖN AND THE TROJAN HORSE

GRAMMAR ASSUMED:

Third Conjugation:
Present Infinitive;
Present & Future Indicative;
Present Imperative Active

WHEELOCK: CHAPTER 8

This story is the source of the well-known adage "Beware of Greeks bearing gifts."

Graecī cum Trōiānīs bellum gerunt. Magnum equum ligneum sub portīs urbis Trōiae nocte relinquunt. Trōiānī equum ibi inveniunt. "Graecī equum Minervae dēdicant," dīcunt. "Sī dōnum Graecōrum ad templum deae dūcēmus,
5   pācem habēbimus et vītam bonae fortūnae agēmus." Sed Lāocoön, sacerdōs magnae virtūtis sapientiaeque, audet populum monēre: "Sine ratiōne cōgitātis, ō Trōiānī! Sī cōpiae in equō sunt, magnō in perīculō erimus. Nōn dēbētis Graecīs crēdere, nam Graecī semper sunt falsī." Tum equum hastā
10 tundit. Īra Minervae magna est; dea duōs serpentēs ex marī mittit. Ō miser Lāocoön! Tē tuōsque duōs fīliōs malī serpentēs strangulant! Trōiānī deam timent; equum in urbem dūcunt. Ratiō Lāocoöntis Trōiānōs nihil docet.

VOCABULARY:

cum (preposition + ablative): with

Trōiānī, -ōrum, m. pl.: Trojans, inhabitants of Troy, an ancient city in Asia Minor

gerō, -ere: to carry on, wage

equus, -ī, m.: horse

ligneus, -a, -um: of wood, wooden

urbs, urbis, f.: city

Trōia, -ae, f.: Troy

nox, noctis, f.: night (ablative **nocte** = at night)

relinquō, -ere: to leave behind

inveniō, -īre (4th conjugation): to find, discover

Minerva, -ae, f.: Minerva, Roman goddess, corresponding to the Greek goddess Athena

dēdicō, -āre: to dedicate

dīcō, -ere: to say

5

Lāocoön, -öntis, m.: Laocoön, priest of Neptune at Troy

sacerdōs, -dōtis, m.: priest

crēdō, -ere: to trust (+ dative object)

nam (conjunction): for

falsus, -a, -um: false, deceitful

hasta, -ae, f.: spear (ablative **hastā** = with a spear)

tundō, -ere: to hit, strike   10

duōs: two (m. pl. accusative of **duo, duae, duo**)

serpēns, -entis, m.: snake, sea-serpent

marī: ablative of **mare, maris,** n., sea

mittō, -ere: to send

miser, -era, -erum: unfortunate, wretched

strangulō, -āre: to strangle, choke

timeō, -ēre: to fear, be afraid of

in (preposition + accusative): into

NISUS AND EURYALUS

GRAMMAR ASSUMED:
Demonstrative Pronouns: **Hic, Ille, Iste**

WHEELOCK: CHAPTER 9

*The legendary friendship between Nisus and Euryalus is the subject of a moving episode in the **Aeneid**, Vergil's great Roman epic.*

Aenēās Trōiānōs contrā Rutulōs dūcit. Dum nox est et cōpiae dormiunt, ducēs Trōiānōrum in castrīs cōnsilium habent. Ad hōs Nīsus Euryalusque, iuvenēs Trōiānī, audent venīre. "Ō magnī virī," dīcit Nīsus, "sī mē cum Euryalō ad castra Rutu-
5   lōrum mittētis, nōn sōlum multōs hominēs occīdēmus, sed etiam multam praedam ex illīs rapiēmus; somnus enim istōs habet." "Animōs virtūtemque hōrum iuvenum laudō!" exclā-mat Iūlus, fīlius illīus Aenēae. "Valēte!"

Nunc veniunt Nīsus Euryalusque in castra Rutulōrum.
10 Occīdunt ūnum, tum multōs aliōs. Euryalus ōrnāmenta ūnīus, galeam alterīus, rapit. Cum hāc praedā fugiunt. Sed Volcēns, dux Rutulōrum, illōs Trōiānōs videt et aliōs Rutulōs vocat. Splendor istīus galeae illōs ad Euryalum dūcit. Nīsus hunc in perīculō videt et audet amīcum servāre. Occīdit
15 Volcentem, sed iste anteā Euryalum occīdit. Tum aliī Nīsum superant; hic super corpus Euryalī cadit.

Hanc fābulam tōtam Vergilius scrībet et hīs Trōiānīs fāmam perpetuam dabit.

VOCABULARY:

Aenēās, Aenēae, m.: Aeneas, famous Trojan, ancestor of the Romans

Trōiānus, -a, -um: Trojan; **Trōiānī, -ōrum,** m. pl.: the Trojans, former inhabitants of Troy, now trying to establish a new home in Italy

contrā (preposition + accusative): against

Rutulī, -ōrum, m. pl.: Rutulians, ancient inhabitants of Latium, the area of Italy around Rome

nox, noctis, f.: night

dormiō, -īre (4th conjugation): to sleep, be asleep

dux, ducis, m.: leader

castra, -ōrum, n. pl.: camp (military)

Nīsus, -ī, m.: Nisus, a Trojan soldier

Euryalus, -ī, m.: Euryalus, a Trojan soldier

iuvenis, -is, m.: young man, youth

veniō, -īre (4th conjugation): to come

dīcō, -ere: to say

cum (preposition + ablative): with

mittō, -ere: to send   5

occīdō, -ere: to cut down, kill

praeda, -ae, f.: loot

rapiō, -ere (3rd-iō conjugation): to snatch

somnus, -ī, m.: sleep

exclāmō, -āre: to cry out, call out

Iūlus, -ī, m.: Iulus, son af Aeneas

ōrnāmentum, -ī, n.: decoration, fancy clothing   10

galea, -ae, f.: helmet

fugiō, -ere (3rd-iō conjugation): to flee

Volcēns, -entis, m.: Volcens, Rutulian leader

splendor, -ōris, m.: brightness, shine

anteā (adverb): before, earlier   15

super (preposition + accusative): above, on top of

cadō, -ere: to fall (dead)

fābula, -ae, f.: story, tale

Vergilius, -iī, m.: Publius Vergilius Maro (70–19 B.C.), a renowned Latin poet

AURORA AND TITHONUS

GRAMMAR ASSUMED:

*Fourth Conjugation & -iō Verbs
of the Third Conjugation:
Present & Future Indicative;
Present Imperative;
Present Infinitive Active*

WHEELOCK: CHAPTER 10

*This myth features a supernatural transformation like those described by
the Roman poet Ovid in his colorful **Metamorphoses**.*

Aurōra dea Tīthōnum, virum pulchrum, amat. Venit igitur ad
Iovem: "Ō rēx deōrum," dīcit, "audī mē! Meus Tīthōnus nōn
est deus; post paucōs annōs ad senectūtem veniet. Sī vītam
perpetuam huic dabis, tē semper laudābō." Stulta Aurōra!
5 Magnum perīculum illīus dōnī nōn vidēs. Immortālitātem
Tīthōnō dat Iuppiter, sed ille, dum vīvit, senēscit. Tempus
fugit: nunc Aurōra bella, Tīthōnus nōn bellus est. Corpus
rūgōsum curvumque iam nōn valet; sapientia in animō nōn
manet. Quid Aurōra faciet? Poteritne fōrmam Tīthōnō resti-
10 tuere? Cōgitat et cōnsilium capit: "Ō Tīthōne, mī amor! Tē
vertam in cicādam; tum garrīre sine culpā poteris. Hāc in
cāveā vīvēs, et tē semper amābō."

VOCABULARY:

Aurōra, -ae, f.: Aurora, goddess of the dawn
dea, -ae, f.: goddess
Tīthōnus, -ī, m.: Tithonus, a Trojan prince
Iuppiter, Iovis, m.: Jupiter, king of the gods
deus, -ī, m.: god
dīcō, -ere: to say
annus, -ī, m.: year

immortālitās, -tātis, f.: immortality   5
senēscō, -ere: to grow old
rūgōsus, -a, -um: wrinkled
curvus, -a, -um: curved, bent
iam nōn (adverb) = no longer
restituō, -ere: to restore

                                                      10

vertō, -ere: to turn, change
cicāda, -ae, f.: cricket, grasshopper
garriō, -īre: to babble, make incomprehensible sounds
cavea, -ae, f.: cage

ULYSSES AND THE CYCLOPS

GRAMMAR ASSUMED:
Personal Pronouns **Ego & Tū;**
Demonstrative Pronouns **Is & Idem**

WHEELOCK: CHAPTER 11

This memorable tale about the blinding of Polyphemus comes from the
Odyssey, *one of the two great Greek epics attributed to Homer.*

Post bellum Trōiānum venit Ulixēs cum XII virīs ad terram
Cyclōpum. In cavernā bonum cāseum inveniunt. Dum eum
edunt, Cyclōps Polyphēmus in eandem cavernam magnās
ovēs dūcit et Graecōs videt: "Quid vōs facitis in meā cavernā?
5   Poenās dabitis, sī mala cōnsilia in animō habētis."
"Trōiā nāvigāmus," Ulixēs eī dīcit. "Quid tū nōbīs dabis?"
Polyphēmus autem exclāmat: "Stulte! Quid vōs, tū tuīque
cārī, mihi dabitis?" Sine morā paucōs virōs capit editque!
Tum rogat, "Quid tibi nōmen est?" Ulixēs respondet,
10   "Nēmō." Dum somnus Polyphēmum superat, Graecī īnsidiās faciunt. Tignum in flammā acuunt et in oculum istīus
mittunt. Ō miser Polyphēme! Tibi nōn bene est. Aliī Cyclōpēs
veniunt, sed vērum perīculum nōn sentiunt: "Nēmō mē
necat!" Polyphēmus vocat. "Bene!" iī dīcunt. "Valē!" Graecī
15   igitur ex cavernā fugere possunt. Caecus Cyclōps haec verba
audit: "Valē! Ego nōn Nēmō, sed Ulixēs sum!"

VOCABULARY:

Trōiānus, -a, -um: Trojan
Ulixēs, -is, m.: Ulysses, a crafty Greek hero
Cyclōps, -ōpis, m.: Cyclops, a one-eyed giant
caverna, -ae, f.: cave
cāseus, -ī, m.: cheese
edō, -ere: to eat
ovis, -is, f.: sheep

5

Trōia, -ae, f.: Troy, city in Asia Minor (**Trōiā** = ablative of place from which)
nāvigō, -āre: to sail
dīcō, -ere: to say
exclāmō, -āre: to cry out, call out
rogō, -āre: to ask, inquire
nōmen, -minis, n.: name
respondeō, -ēre: to answer

somnus, -ī, m.: sleep   10
tignum, -ī, n.: log, stick, trunk of a tree
flamma, -ae, f.: flame
acuō, -ere: to sharpen
miser, -era, -erum: unfortunate, wretched
bene est: it goes well, things go well (for someone)
necō, -āre: to kill

caecus, -a, -um: blind   15
verbum, -ī, n.: word

A GIFT BEARING GREEKS

GRAMMAR ASSUMED:
*Perfect Active System
of All Verbs;
Principal Parts*

WHEELOCK: CHAPTER 12

*The Trojan Horse was one of the most ingenious military stratagems of all
time.*

In Asiā erat magna urbs, Trōia. Ibi rēx Priamus vīxit. Paris,
fīlius illīus, Helenam, pulchram fēminam Graecam, cēperat.
Propter hoc vitium multī Graecī ad Asiam vēnerant et diū
cum Trōiānīs bellum gesserant. Mūrōs autem urbis superāre
5 nōn potuerant. Sed tum Epēus, ūnus ex Graecīs, eīs hoc cōnsilium dedit: "Sī magnum equum ligneum faciēmus et
Trōiānīs dabimus, eōs vincere poterimus; Graecōs enim in
equō condiderimus."
     "Nōs bene docuistī," Graecī dīxērunt et istās īnsidiās sine
10 morā fēcērunt. Post bellum Aenēās, dux Trōiānus, dīxit,
"Cōpiās in equō nōn vīdimus; eum in urbem dūximus.
Graecī igitur nōs vincere potuērunt. Dī fortūnam malam
praesēnserant et nostrā ex urbe fūgerant."

VOCABULARY:

urbs, urbis, f.: city

Trōia, -ae, f.: Troy, ancient city in Asia Minor

Priamus, -ī, m.: Priam, king of Troy

Paris, -idis, m.: Paris, one of Priam's sons

Helena, -ae, f.: Helen, most beautiful woman in the world, stolen from her Greek husband Menelaus by Paris, a Trojan prince

fēmina, -ae, f.: woman

Trōiānus, -ī, m.: a Trojan, citizen of Troy

gerō, -ere, gessī, gestus: to wage, carry on

mūrus, -ī, m.: wall

Epēus, -ī, m.: Epeus, a clever Greek soldier   5

equus, -ī, m.: horse

ligneus, -a, -um: of wood, wooden

condō, -ere, -didī, -ditus: to hide, conceal

Aenēās, -ae, m.: Aeneas, famous Trojan, survivor of Trojan War   10

dux, ducis, m.: leader

praesentiō, -īre, -sēnsī, -sēnsus: to perceive beforehand

ECHO AND HANDSOME NARCISSUS

GRAMMAR ASSUMED:

Reflexive Pronouns & Possessives;
Intensive Pronoun

WHEELOCK: CHAPTER 13

This myth is the source for the modern term "narcissism."

Narcissus erat bellus puer. Multae puellae eum amāvērunt;
nūllam ex eīs ille amāvit. Ipse sē sōlum dīlēxit et vītam in
silvīs ēgit. Nympha Ēchō Narcissum diū amāverat, sed suum
amōrem eī numquam dīcere potuerat: sōlum verbum ulti-
5   mum alterīus reddere poterat. Sī Narcissus vocāvit, "Tūne es
hīc?", Ēchō vocāvit, "Hīc!" Sī ille "Ubi es? Venī!" dīxit, illa
"Venī!" dīxit. Sed Narcissus ad eam nōn vēnit, et Ēchō igitur
nōn diū vīxit. Āmīsit corpus tōtum; vōcem autem eius etiam
nunc audīmus.
10   Intereā Narcissus suum imāginem in stagnō vīdit et
oculōs suōs āmovēre nōn poterat. Magnus amor suī eum
cēperat. Tempus fūgit; eōdem locō remānsit Narcissus. Amīcī
illīus eum invenīre nōn poterant. Ante ipsum stagnum, ubi
ille fuerat, nunc erat bellus flōs. Nōmen huius in perpetuum
15   erit Narcissus.
      Hominēs nōn dēbent sē nimis amāre.

VOCABULARY:

Narcissus, -ī, m.: Narcissus, a vain youth
silva, -ae, f.: forest, wood
nympha, -ae, f.: nymph, demi-goddess
Ēchō, -ūs, f. (4th declension): Echo, a beautiful nymph
verbum, -ī, n.: word
ultimus, -a, -um: last, final

reddō, -ere, -didī, -ditus: to give back, repeat   *5*
hīc (adverb): here
āmittō, -ere, -mīsī, -missus: to lose
vōx, vōcis, f.: voice

intereā (adverb): meanwhile   *10*
imāgō, -ginis, m.: image, reflection
stagnum, -ī, n.: pool of water
āmoveō, -ēre, -mōvī, -mōtus: to move away
amor suī = love of himself
eōdem locō: ablative of place where
flōs, flōris, m.: flower

                                                                                  15

nimis (adverb): too much

EUROPA AND THE BULL

GRAMMAR ASSUMED:
Third Declension i-Stem Nouns;
Ablatives of Means, Accompaniment,
and Manner

WHEELOCK: CHAPTER 14

Jupiter uses one of his standard tricks—changing his form—to win the love of a beautiful maiden.

Eurōpam, fīliam Agēnoris, Iuppiter, rēx deōrum, vīdit. Victus amōre eius, dīxit, "Sine hāc bellā puellā ego nōn poterō vīvere. Sed quid agam? Haec virgō, sī eam vī superābō, mē nōn amābit, et Iūnō, sī īnsidiās meās inveniet, mē castīgābit.
5 Arte igitur Eurōpam ad mē dūcere dēbeō."
    Iuppiter sibi dedit fōrmam taurī. Cum celeritāte ē suā arce in caelō per nūbēs ad terram cucurrit. Eurōpa cum suīs amīcīs errāverat in loca remōta. Ad hās vēnit ille magnus taurus. Fūgērunt aliae puellae; sōla Eurōpa (nam animālia sem-
10 per amāverat) remānsit cum taurō. Collum eius suīs bracchiīs Eurōpa tenuit; sine morā trāns mare ille eam trāxit!
    Eurōpa perīculum sēnsit et exclāmāvit, "Ō!". Dīxit Iuppiter, "Bella puella, nūllae malae sententiae sunt in meō animō. Nōn taurus, sed deus ego sum. Nōn mors, sed fāma glō-
15 riaque tibi venient, nam tuum nōmen magnī poētae cum meō iungent."

24

VOCABULARY:

Eurōpa, -ae, f.: Europa
Agēnor, -oris, m.: Agenor, king of Tyre in Phoenicia
Iuppiter, Iovis, m.: Jupiter
victus, -a, -um: conquered, overcome
Iūnō, -ōnis, f.: Juno, wife of Jupiter
castīgō (1): to punish, chastise

5

taurus, -ī, m.: bull
celeritās, -tātis, f.: speed, swiftness
arx, arcis, f.: citadel, fortress
remōtus, -a, -um: removed, distant, remote

collum, -ī, n.: neck

10

bracchium, -iī, n.: arm
exclāmō (1): to cry out, call out

HOW THE AEGEAN GOT ITS NAME

GRAMMAR ASSUMED:
*Imperfect Indicative Active
of the Four Conjugations;
Ablative of Time*

WHEELOCK: CHAPTER 15

In this myth a victory by the Athenian hero Theseus is tarnished by the tragic event that follows.

Athēnīs vīvēbant Thēseus eiusque pater, rēx Aegeus. Illō tempore cīvēs rēgī īnsulae Crētae poenās dabant: VII puerōs et eundem numerum puellārum ad eum mittēbant. Hae miserae victimae Mīnōtaurō suās vītās dabant. Suō patrī Thē-
5 seus dīxit, "Hunc malum mōrem tolerāre nōn possum! Ego ipse Mīnōtaurum nōn timeō. Istum inveniam et, sī poterō, meīs vīribus vincam. Dīs meam fortūnam committō. Alba vēla vidēbis, ō mī pater, sī mortem fugiam." Itaque Thēseus sē cum aliīs victimīs iūnxit et trāns mare ad Crētam nāvigāvit.
10 Ibi suō labōre Mīnōtaurum superāre et arte Ariadnae, suae amīcae, fugere poterat.
   Aegeus suum fīlium in scopulō diū exspectāverat; nunc nāvem ipsam suī fīliī vidēre poterat. Sed vēla nigra, nōn alba sunt! Stultus Thēseus suum cōnsilium memoriā nōn
15 tenuerat; vēla nōn mūtāverat. Miser Aegeus sine morā sē iēcit in mare "Aegaeum."

VOCABULARY:

Athēnae, -ārum, f. pl.: Athens (**Athēnīs** = ablative of place where)

Thēseus, -eī, m.: Theseus, great Greek hero from Athens

Aegeus, -eī, m.: Aegeus, Theseus' father, king of Athens

īnsula, -ae, f.: island

Crēta, -ae, f.: Crete, large island south of Greek mainland

victima, -ae, f.: sacrificial beast, victim

Mīnōtaurus, -ī, m.: Minotaur, a half-man, half-bull creature kept in the labyrinth of Minos, king of Crete

tolerō (1): to bear, tolerate   5

albus, -a, -um: white

velum, -ī, n.: sail

nāvigō (1): to sail

Ariadna, -ae, f.: Ariadne, Cretan princess, daughter of King Minos; Theseus takes her with him, then abandons her on the island Naxos   10

scopulus, -ī, m.: rock, cliff

nāvis, -is, f.: ship

niger, nigra, nigrum: black

memoria, -ae, f.: memory (**memoriā** = ablative of means)

                                                                                  15

Aegaeus, -a, -um: Aegean

27

THE WRATH OF ACHILLES

GRAMMAR ASSUMED:
Adjectives of the Third Declension

WHEELOCK: CHAPTER 16

*Achilles' anger at Agamemnon is one of the major themes of the **Iliad**, Homer's monumental Greek epic.*

Achillēs nōn sōlum vir fortis potēnsque, sed etiam Thetidis deae fīlius erat. Ille cum Agamemnone aliīsque Graecīs Trōiam vēnerat et bellum longum difficileque gesserat. Sed nunc post IX annōs īra ācris eum movēbat; nam fēminam
5   captīvam eī cāram Agamemnōn cēperat. Itaque Achillēs mātrem suam vocāvit: "Iuvā mē!" In marī Thetis eum audīvit et ad eum cucurrit: "Tuās sententiās intellegō, mī dulcis fīlī," dīxit. "Omnēs Graecī tē magnō honōre habēre dēbent; sine tē enim Trōiānōs vincere nōn possunt. Cōgitā haec: sī nunc hōc
10 ex bellō fugiēs, tibi erit parva glōria, sed vīta longa; si autem hōc locō manēbis, magnam glōriam inveniēs, sed tuam vītam āmittēs."
      "Ō beāta māter, bonum animum habē!" dīxit Achillēs. "Omnibus hominibus vīta brevis est. Ego ipse celerem mor-
15 tem nōn timeō. Sed, quoniam īra mē tenet, bellum nōn geram." Quam magna est vīs īrae!

VOCABULARY:

Achillēs, -is, m.: Achilles, best of the Greek warriors

Thetis, -idis, f.: Thetis, sea-nymph married to the mortal Peleus

Agamemnōn, -onis, m.: Agamemnon, leader of the Greek army at Troy

Trōia, -ae, f.: Troy, an ancient city in Asia Minor; **Trōiam** = accusative of place to which

annus, -ī, m.: year

captīvus, -a, -um: captive, taken as part of the spoils during the Trojan War   5

eī: construe with the adjective **cāram**

honor, honōris, m.: honor

honōre habēre: to hold (someone) in respect, esteem

10

hōc locō: ablative of place where

āmittō, -ere, -mīsī, -missus: to lose

bonum animum habē: be of good cheer, take heart

THE MYRMIDONS (ANT PEOPLE)

GRAMMAR ASSUMED:
The Relative Pronoun

WHEELOCK: CHAPTER 17

Thanks to a miraculous metamorphosis, the population of Aegina is restored.

Aeacus erat rēx Aegīnae īnsulae, quae nōmen cēperat ā nōmine mātris Aeacī, quācum Iuppiter sē in amōre iūnxerat. Iūnō, quae malōs mōrēs Iovis numquam tolerāre potuerat, hoc factum sēnsit et memoriā tenuit. Multōs post annōs
5   omnibus quī in īnsulā Aegīnā vīvēbant mortem mīsit. "Ō Iuppiter pater," Aeacus vocāvit, "Iūnō meum populum tōtum dēlēvit! Iuvā mē, fīlium tuum, quem amās et quem neglegere nōn dēbēs." Deus eum audīvit et sine morā coepit formīcās in hominēs mūtāre! Itaque Iuppiter, cui nihil est nimis difficile,
10   virōs fēmināsque fēcit parvīs ex animālibus. (Vēritātemne dīcō, an nōn?)
     Fīlius Aeacī erat Pēleus, cuius fīlius erat ille Achillēs, dux Myrmidonum.

VOCABULARY:

Aeacus, -ī, m.: Aeacus

Aegīna, -ae, f.: Aegina, a Greek island, also a woman's name

īnsula, -ae, f.: island

Iuppiter, Iovis, m.: Jupiter, king of the gods

Iūnō, -ōnis, f.: Juno, Jupiter's wife

annus, -ī, m.: year

5

formīca, -ae, f.: ant

10

an: or (introduces second part of a double question)

Pēleus, -eī, m.: Peleus, who left Aegina to be king of Thessaly

Achillēs, -is, m.: Achilles, greatest Greek warrior

dux, ducis, m.: leader

Myrmidonēs, -um, m. pl.: Myrmidons, "ant people," the Greeks ruled by
Achilles in Thessaly, who fought with him at Troy

A WEDDING INVITATION

GRAMMAR ASSUMED:
Present, Imperfect, & Future
Indicative Passive;
Ablative of Agent

WHEELOCK: CHAPTER 18

Announcing the marriage of Peleus and Thetis! They are destined to become the parents of Achilles, greatest of the Greek warriors who fought at Troy.

Salvēte, ō dī deaeque! Noster amīcus Pēleus magna cōnsilia habet; nympham Thetidem in mātrimōnium dūcet. Vōs igitur ā mē, Iove, ad Thessaliam vocāminī. Exspectāte bonōs lūdōs et dulcēs epulās. Dēbētis autem dē hīs perīculīs
5 monērī: I. Quoniam Pēleus nōn est deus, animus eius terrēbitur sī nimis potentēs vidēbimur; II. Quī audet sine dōnō venīre, ā mē castīgābitur. Legite genera dōnōrum quae laudābuntur ab omnibus quī ea vidēbunt.
    Tū sōla, ō dea Discordia, nōn vocāris, nam ā nūllō
10 amāris. Sī veniēs, omnis deus in Olympō īrā movēbitur. Inter amīcos discordia nōn dēbet tolerārī.
    Poenae dabuntur ab eō deō quī suum officium negleget. Valēte!

VOCABULARY:

dea, -ae, f.: goddess

Pēleus, -eī, m.: Peleus, legendary king of Thessaly

nympha, -ae, f.: nymph, demi-goddess

Thetis, -idis, f.: Thetis, sea-nymph, mother of Achilles

mātrimōnium, -iī, n.: marriage

Iuppiter, Iovis, m.: Jupiter, king of the gods

Thessalia, -ae, f.: Thessaly, region of northern Greece

lūdus, -ī, m.: game

epulae, -ārum, f. pl.: feast, banquet

5

castīgō (1): to punish, chastise

Discordia, -ae, f.: discord, disagreement, here personified as a goddess

Olympus, -ī, m.: Mount Olympus, home of the gods   10

THE JUDGMENT OF PARIS

GRAMMAR ASSUMED:

*Perfect Passive System
of All Verbs;
Interrogative Pronouns &
Adjectives*

WHEELOCK: CHAPTER 19

Paris' fateful decision leads ultimately to the Trojan War.

Dea Discordia, quae sōla ad nūptiās Pēleī Thetidisque nōn
erat vocāta, īrā mōta est. Iēcit igitur in rēgiam deōrum mālum
aureum, in quō scrīptae erant hae litterae: "BELLISSIMAE."
Cui mālum darī dēbet? Iūnōnī aut Venerī aut Minervae?
5   Etiam Iuppiter ipse iūdicium facere timet! Itaque ad Paridem,
fīlium rēgis Trōiānī, illae deae veniunt.
    "Ō cāre puer," dīcunt, "quis nostrum tuā sententiā bellis-
sima est? Magnum dōnum tibi parābitur ab eā deā quam
ēligēs." Quem Paris ēliget? Quō dōnō animus eius movēbi-
10   tur? Iūnō eum rēgem, Minerva ducem facere potest. Venus
autem eī Helenam, bellissimam omnium fēminārum, dare
potest.
    Paris amōre victus est et Venerī mālum aureum dedit. Ita-
que (sī certa est fāma hōrum factōrum) Helena capta et ad
15   novum locum, Trōiam, ducta est. Quod bellum gerēbātur
propter istam fēminam?

VOCABULARY:

dea, -ae, f.: goddess

Discordia, -ae, f.: discord personified as a goddess

nūptiae, -ārum, f. pl.: wedding

Pēleus, -eī, m.: Peleus, father of Achilles

Thetis, -idis, f.: Thetis, mother of Achilles

rēgia, -ae, f.: palace

mālum, ī, n.: apple

aureus, -a, -um: golden

BELLISSIMAE: dative case ("FOR THE FAIREST")

Iūnō, -ōnis, f.: Juno, queen of the gods

Venus, -eris, f.: Venus, goddess of love

Minerva, -ae, f.: Minerva, goddess of war and wisdom

Iuppiter, Iovis, m.: Jupiter, king of the gods   5

Paris, -idis, m.: Paris, Trojan prince, son of Priam

Trōiānus, -a, -um: Trojan

eligo, -ere, -lēgī, -lēctus: to choose

dux, ducis, m.: leader   10

Helena, -ae, f.: Helen, wife of Menelaus, king of Sparta

Trōia, -ae, f.: Troy, city in Asia Minor   15

THE LABORS OF HERCULES

GRAMMAR ASSUMED:

Fourth Declension; Ablatives
from Which and Separation

WHEELOCK: CHAPTER 20

Hercules (Heracles in Greek) is one of the best known and most remark-
able characters from classical mythology.

Quis nōmen Herculis nōn audīvit? Dē magnīs factīs illīus
nunc pauca dīcam.

   Herculem, virum Graecum cuius vīrēs erant extraōrdinā-
riae, in servitūtem fortūna dūxerat. Eurystheus eī miserō XII
5 gravēs labōrēs dederat. Sed Herculēs metū nōn victus erat;
neque novīs animālibus terrērī poterat, neque ab hominibus
eius generis quod numquam sceleribus caret. Magnum
leōnem sōlīs manibus Herculēs superāvit; celerem cervam,
cuius cornua aurea erant, cēpit ex eō locō in quō eam
10 invēnerat et in Graeciam trāxit. Tum ille missus est ab Eury-
stheō contrā Cerberum, ācrem canem; etiam hunc āmovēre
poterat ab ipsā portā Plūtōnis!

   Post haec et alia facta Herculēs labōribus līberātus est.
Quod autem praemium eī datum est? Nūllum. Quī erat frūc-
15 tus labōrum eius? Glōria memoriaque perpetua in versibus
poētārum.

VOCABULARY:

Herculēs, -is, m.: Hercules, great Greek hero famous for his strength, appetite, and obtuseness

extraōrdinārius, -a, -um: not common, beyond the norm

Eurystheus, -eī, m.: Eurystheus, king of Mycenae, cousin of Hercules; Juno, who disliked Hercules, had contrived to make Eurystheus his master

5

leō, -ōnis, m.: lion

cerva, -ae, f.: deer, hind

aureus, -a, -um: golden

10

Cerberus, -ī, m.: Cerberus, 3-headed dog guarding the entrance to the underworld

canis, -is, m. or f.: dog

Plūtō, -ōnis, m.: Pluto, god of the underworld

praemium, -iī, n.: reward

THE GOLDEN AGE RETURNS

GRAMMAR ASSUMED:

Third & Fourth Conjugations:
Passive Voice of Indicative
& Present Passive Infinitive

WHEELOCK: CHAPTER 21

*This passage comes from the Eclogues, a collection of ten short bucolic poems by Vergil. The fourth eclogue, which depicts the return of a golden age, is sometimes called "Messianic" because Christians in the Middle Ages identified the **puer** of the poem with Christ.*

Nunc aetās magna atque nova incipit. Puer nāscitur ac gēns aurea venit. Mundus gravī metū līberābitur. Ille puer deōrum vītam accipiet deōsque vidēbit, et ipse vidēbitur ab illīs. Mundum reget antīquīs virtūtibus. Simul atque laudēs et facta
5 parentis legere et virtūtem scīre poterit, agrī beātī dulcēs frūctūs omnibus hominibus parābunt. Remanēbunt tamen pauca scelera quae hominēs temptāre mare nāvibus, quae hominēs cingere urbēs mūrīs iubēbunt. Erunt etiam altera bella, atque iterum Trōiam magnus mittētur Achillēs. Ubi
10 autem hunc puerum virum fēcerit fortis aetās, maria relinquentur ā vectōribus, nec nautae pecūniae causā mercēs mūtābunt. Rōbustus agricola taurōs iugō līberābit; nōn rāstrīs tangētur humus; omnis terra omnia feret.
—adapted from Vergil, *Eclogues* 4.4–39

VOCABULARY:

nāscor, nāscī, nātus sum: to be born, spring forth

aureus, -a, -um: golden

accipiō, -ere, -cēpī, -ceptus: to receive

regō, -ere, rēxī, rēctus: to rule

simul (adverb): at the same time (+ **atque** = as soon as)

parēns, -entis, m. or f.: parent   5

temptō (1): to try (out), test

nāvis, -is, f.: ship

cingō, -ere, cīnxī, cīnctus: to gird, encircle

mūrus, -ī, m.: wall

iterum (adverb): again

Trōia, -ae, f.: Troy, ancient city in Asia Minor; **Trōiam** = accusative of place
to which

Achillēs, -is, m.: Achilles, greatest Greek hero during the 10-year war
against the Trojans

fortis aetās: strong stretch of years, i.e. mature age   10

relinquō, -ere, relīquī, relictus: to leave behind

vector, -ōris, m.: passenger, seafarer

merx, mercis, f.: merchandise, goods

rōbustus, -a, -um: strong, hardy

taurus, -ī, m · bull

iugum, -ī, n.: yoke

rāstrum, -ī, n.: rake, toothed hoe

humus, -ī, f.: ground, earth, soil

CICERO REPORTS HIS VICTORY OVER CATILINE

GRAMMAR ASSUMED:
Fifth Declension; Summary of Ablatives

WHEELOCK: CHAPTER 22

This is an excerpt from the third of Cicero's four speeches against Catiline. Cicero has driven Catiline out of Rome and now triumphantly reports to his fellow citizens what has transpired.

Rem pūblicam, ō cīvēs, vītam omnium vestrum, bona, fortūnās, domum senātūs atque hanc pulchram urbem hōc diē labōribus, cōnsiliīs, perīculīs meīs ex igne atque ferrō ēripuī. Nunc, ō cīvēs, quoniam malōs ducēs malī bellī captōs iam
5 tenētis, cōgitāre dēbētis dē bonā spē vestrā. Catilīna ex urbe mediā expulsus est. Erat ille quī timēbātur ab omnibus, tam diū dum urbis moenibus continēbātur. Nunc ille homō tam ācer, tam audāx, tam in scelere vigilāns, tam in malīs rēbus dīligēns, sublātus est. Quamquam haec omnia, ō cīvēs, sunt
10 ā mē administrāta, videntur tamen imperiō atque cōnsiliō deōrum immortālium et gesta et prōvīsa esse. Nam multīs temporibus dī immortālēs spem fidemque huius reī pūblicae aluērunt. Hōc autem tempore praeclārissimās iīs grātiās agere dēbētis. Ēreptī enim estis ex crūdēlissimā ac miserā
15 morte, ēreptī (estis) sine caede, sine sanguine, sine exercitū.
   Memoriā vestrā, ō cīvēs, nostrae rēs alentur; laus, fāma, glōriaque valēbunt; litterīs vīvent remanēbuntque. In perpetuā pāce esse possumus, ō cīvēs.
   —adapted from Cicero, *Against Catiline* 3.1, 16–18, 23, 26, 29

VOCABULARY:

domus, -ūs, f.: house

labōribus, cōnsiliīs, perīculīs: ablative of means

ferrum, -ī, n.: iron, sword

dux, ducis, m.: leader

iam (adverb): already, now

Catilīna, -ae, m.: Catiline, leader of a conspiracy in 63 B.C.; his plans to overthrow the Roman government were discovered and foiled by Cicero, who was then serving as one of the two annually elected consuls in Rome   5

expellō, -ere, -pulī, -pulsus: to banish, expel

tam (adverb): so (tam diū dum = so long as)

moenia, -ium, n. pl.: walls

audāx (-ācis): bold, daring

vigilāns (-antis): watchful, vigilant

dīligēns (-entis): careful, diligent

quamquam (conjunction): although

administrō (1): to manage, take charge of, execute   10

tamen (adverb): nevertheless, still

immortālis, -e: immortal

prōvideō, ēre, -vīdī, -vīsus: to see to, provide for

praeclārissimus, -a, -um: most splendid, most glorious

crudēlissimus, -a, -um: most cruel

caedes, -is, f.: slaughter, massacre   15

sanguis, -inis, m.: blood, bloodshed

exercitus, -ūs, m.: army

WATCHING THE ORATOR AT WORK

GRAMMAR ASSUMED:
Participles

WHEELOCK: CHAPTER 23

*In this passage from the **Brutus,** a survey of Roman oratory, Cicero describes the effect that an accomplished speaker has on his audience.*

Nunc surgit magnus ōrātor, causam dictūrus: omnis locus in subselliīs occupātur; plēnum est tribūnal; iūdicēs omnia illīus verba audīre cupientēs silentium significant. Oculī omnium ad illum vertuntur. Tum multae admīrātiōnēs, multae laudēs.
5   Ōrātor animōs audientium tangit. Ubi cupit eōs metū aut misericordiā movērī, metū aut misericordiā oppressī terrentur aut flent.

De ōrātōre, etiam sī tū nōn adsidēns et attentē audiēns, sed ūnō aspectū et praeteriēns eum aspēxeris, saepe iūdicāre
10   poteris. Vidēbis iūdicem ōscitantem, loquentem cum alterō, nōn numquam etiam errantem, mittentem ad hōrās, verba ab ōrātōre dicta neglegentem. Haec causa caret vērō ōrātōre, quī potest animōs iūdicum movēre ōrātiōne. Sī autem ērēctōs iūdicēs vīderis, quī dē rē docērī vidēbuntur aut suspēnsī
15   tenēbuntur, ut cantū aliquō avēs, cognōscēs signa vērī ōrātōris et labōrem ōrātōrium bene gerentis.
        —adapted from Cicero, *Brutus* 200, 290

VOCABULARY:

surgō, -ere, surrēxī, surrēctus: to rise

causam dīcere: to plead a case

subsellium, -iī, n.: bench, seat (in the lawcourt)

occupō (1): to seize, occupy

plēnus, -a, -um: full

tribūnal, -ālis, n.: raised platform for magistrates' chairs (in the lawcourt)

iūdex, iūdicis, m.: judge, juror

silentium, -iī, n.: silence; **silentium significāre** = to signal for silence, call for silence

multae admīrātiōnēs, multae laudēs: supply **sunt** twice

admīrātiō, -ōnis, f.: expression of admiration, applause

5

misericordia, -ae, f.: pity, mercy

fleō, -ēre, flēvī, flētus: to weep

adsideō, -ēre, assēdī, assessus: to sit near

attentē (adverb): attentively (from **attentus, -a, -um**)

aspectus, -ūs, m.: look, glance

praetereō, -īre, -iī, -itus: to pass by, go by

aspiciō, -ere, -spēxī, -spectus: to catch sight of, see

ōscitō (1): to yawn

10

loquor, loquī, locūtus sum: to speak (**loquentem** = present active participle)

mittere ad hōrās: to send (someone) to find out the time

ērigō, -ere, -rēxī, -rēctus: to raise up, excite, arouse

suspendō, -ere, -pendī, -pēnsus: to hang up, suspend (**suspēnsī** = hung, i.e. hanging on his words)

ut (conjunction): as, just as

15

cantus, -ūs, m.: song, birdcall

avis, avis, f.: bird

cognōscō, -ere, -nōvī, -nitus: to recognize

ōrātōrius, -a, -um: oratorical

gerentis: genitive participle modifying **ōrātōris;** its object is **labōrem ōrātōrium**

CAESAR'S CAMP IS ATTACKED BY BELGIANS

GRAMMAR ASSUMED:

Ablative Absolute, Passive
Periphrastic, Dative of Agent

WHEELOCK: CHAPTER 24

This is an excerpt from Caesar's commentaries on his military campaigns in Gaul (58–51 B.C.). Although it is written in a seemingly objective third-person style, it puts emphasis on Caesar's skill and courage as a leader.

Caesar, equitātū praemissō, sex legiōnēs dūcēbat; post eās tōtīus exercitūs impedīmenta collocāverat; equitēs nostrī, flūmine trānsitō, cum hostium equitātū proelium commīsērunt. Illī identidem in silvās ad suōs sē recipiēbant ac
5　rursus ex silvā in nostrōs impetum faciēbant. Nostrī tantum ad fīnem silvae īnsequī eōs audēbant. Interim legiōnēs sex quae prīmae vēnerant, hōc labōre eīs datō, castra mūnīre coepērunt. Ubi prīma impedīmenta nostrī exercitūs ab eīs quī in silvīs latēbant vīsa sunt, omnibus cōpiīs prōvolāvērunt
10　impetumque in nostrōs equitēs fēcērunt. Equitibus facile pulsīs, incrēdibilī celeritāte ad flūmen cucurrērunt. Itaque ūnō tempore et ad silvās et in flūmine et in manibus nostrīs hostēs vidēbantur. Eādem celeritāte ad nostra castra atque eōs quī in labōre occupātī erant cucurrērunt.
15　　　Caesarī omnia ūnō tempore erant agenda: vexillum pōnendum, signum tubā dandum, quod eōs iussit arma tollere; ā labōre revocandī mīlitēs; aciēs paranda. Quārum rērum magnam partem brevitās temporis et hostium adventus impediēbat. Itaque ducēs, propter propinquitātem et
20　celeritātem hostium, Caesaris imperium nōn exspectābant, sed per sē ea quae vidēbantur faciēbant.
　　　—adapted from Caesar, *The Gallic War* 2.19–20

VOCABULARY:

equitātus, -ūs, m.: cavalry

sex (indeclinable adjective): six

legiō, -ōnis, f.: legion, unit of the Roman army

impedīmentum, -ī, n.: hindrance, baggage

collocō (1): to place, arrange, station

eques, -quitis, m.: horseman, cavalryman

flūmen, -minis, n.: river

trānseō, -īre, -iī, -itus: to go across, cross

hostis, -is, m.: enemy

proelium, -iī, n.: battle (**proelium committere** = to engage in battle)

identidem (adverb): repeatedly, again and again

silva, -ae, f.: forest, wood

sē recipere: to retreat

rursus (adverb): back, back again   5

impetus, -ūs, m.: attack, assault

tantum (adverb): only

īnsequor, -sequī, -secūtus sum: to pursue (translate actively)

interim (adverb): meanwhile

castra, -ōrum, n. pl.: military camp

mūniō (4): to fortify

lateō, -ēre, latuī: to lie hidden, hide

prōvolō (1): to fly out, rush forth

facile (adverb): easily   10

celeritās, -tātis, f.: speed, haste

occupō (1): to seize, occupy

vexillum, -ī, n.: military banner, flag, standard   15

tuba, -ae, f.: trumpet, war trumpet

quod: subject of **iussit;** its antecedent is **signum**

mīles, -litis, m.: soldier

aciēs, -ēī, f.: sharp edge, line of battle

quārum = hārum

adventus, -ūs, m.: approach, arrival

impediō (4): to hinder

propinquitās, -tātis, f.: nearness, proximity

per sē: by themselves, on their own authority   20

videor, -ērī, vīsus sum: to seem, to seem best

45

THE CHARACTER OF CATILINE'S FOLLOWERS

GRAMMAR ASSUMED:
All Infinitives Active & Passive;
Indirect Statement

WHEELOCK: CHAPTER 25

This passage comes from the second of Cicero's speeches against Catiline.
Although Catiline has left Rome, several of his followers have remained
in the city, where, according to Cicero, they pose a threat to the security of
the state.

Sed cūr tam diū dē ūnō hoste (Catilīnā) dīcimus, et dē eō
hoste quī iam dīcit sē esse hostem, et quem, quod mūrus
interest, nōn timeō: de hīs, quī in mediā urbe, quī nōbīscum
sunt, nihil dīcimus? Expōnam enim vōbīs, ō cīvēs, genera
5 hominum ex quibus istae cōpiae parantur. Ūnum genus est
eōrum quī magnō in aere aliēnō magnās etiam possessiōnēs
habent, quārum amōre adductī dissolvī nūllō modō possunt. Sed hōs hominēs nōn putō timendōs, quod dēdūcī dē
sententīa (suā) possunt.
10   Alterum genus est eōrum quī, quamquam premuntur
aere aliēnō, imperium tamen exspectant atque honōrēs quōs,
rē pūblicā perturbātā, recipere sē posse putant. Quibus hoc
nōn spērandum est. Nam illīs hoc intellegendum est:
prīmum omnium mē ipsum vigilāre, adesse, prōvidēre reī
15 pūblicae; deinde magnōs animōs esse in bonīs virīs, magnam
concordiam ōrdinum, maximam multitūdinem, magnās mīlitum cōpiās; deōs dēnique immortālēs huic invictō populō,
clārō imperiō, pulchrae urbī contrā tantam vim sceleris auxilium esse datūrōs. Num illī in cinere urbis et in sanguine
20 cīvium sē cōnsulēs aut dictātōrēs aut etiam rēgēs spērant
futūrōs (esse)?
     —adapted from Cicero, *Against Catiline* 2.17–19

VOCABULARY:

tam (adverb): so

Catilīna, -ae, m.: Catiline, conspirator thwarted by Cicero in 63 B.C.

iam (adverb): now, already

quod (conjunction): because

mūrus, -ī, m.: city wall (Catiline has fled from Rome)

intersum, -esse, -fuī, -futūrus: to be between, lie between (us)

expōnō, -ere, -posuī, -positus: to set forth, explain

5

aes aliēnum, aeris aliēnī, n.: debt ("another's money")

quārum amōre adductī: "induced by love of which"

addūcō, -ere, -dūxī, -ductus: to induce, persuade

dissolvō, -ere, -solvi, -solūtus: to free (from debt)

dēdūcō, -ere, -dūxī, -ductus: to lead away, dissuade

quamquam (conjunction): although

10

tamen (adverb): yet, nevertheless

honor, -ōris, m.: honor, public office

perturbō (1): to disturb, throw into confusion

quibus = illīs hominibus

prīmus, -a, -um: first; **prīmum ... deinde ... dēnique ...:** 3 indirect statements

vigilō (1): to be watchful, be awake, be vigilant

adsum, -esse, -fuī, -futūrus: to be present to help, to assist

15

concordia, -ae, f.: harmony, concord

ōrdō, -dinis, m.: rank, order, socio-economic class

maximus, -a, -um: very great, greatest

mīles, -litis, m.: soldier

dēnique (adverb): finally, last (in a list)

invictus, -a, -um: invincible

clārus, -a, -um: bright, famous, illustrious

tantus, -a, -um: so great, so large

auxilium, -iī, n.: aid, assistance

num: introduces a question expecting a negative answer ("they don't hope that they will be ..., do they?")

cinis, -neris, m.: ash, ashes

sanguis, -inis, m.: blood, bloodshed

cōnsul, -ulis, m.: consul, chief executive official in Rome

20

THE VIRTUES OF
THE ORATOR CATO

GRAMMAR ASSUMED:

Comparison of Adjectives;
Declension of Comparatives

WHEELOCK: CHAPTER 26

*In this excerpt from the **Brutus** Cicero laments that the orators of his day show no interest in studying the "old-fashioned" works of Cato, a Roman orator from the preceding century, yet are eager to imitate the style of Greek orators from even earlier centuries.*

Catōnem vērō quis nostrōrum ōrātōrum, quī nunc sunt, legit? aut quis eum nōvit? At quem virum, dī bonī! Mittō cīvem aut senātōrem aut imperātōrem; ōrātōrem enim hōc locō quaerimus; quis in laude est gravior quam ille? acerbior
5 in vituperātiōne? in sententiīs sapientior? in cōnfīrmātiōne subtīlior? Omnēs ōrātōriae virtūtēs in clārissimīs ōrātiōnibus eius invenientur. Iam quem flōrem aut quem lūcem ēloquentiae *Orīginēs* eius nōn habent?
Cūr igitur Lȳsiās et Hyperīdēs amantur dum ignōrātur
10 Catō? Antīquior est huius sermō et quaedam horridiōra verba. Ita enim tum loquēbantur. Sciō hunc ōrātōrem nōndum esse satis polītum et aliquid perfectius quaerendum esse. Nihil enim est simul et inventum et perfectum. Sed ea in nostrīs īnscītia est, quod hī ipsī quī in litterīs Graecīs
15 antīquitāte dēlectantur, hanc in Catōne nē nōvērunt quidem. Hyperīdae volunt esse et Lȳsiae; eōs laudō, sed cūr nōlunt Catōnēs (esse)?
—adapted from Cicero, *Brutus* 65–70

VOCABULARY:

Catō, -ōnis, m.: famous Roman orator & statesman, lived 234–149 B.C.

vērō (adverb): in truth, indeed

nōscō, -ere, nōvī, nōtus: to be acquainted with, know

quem virum: accusative of exclamation

mittō: I omit, pass over, do not mention

imperātor, -ōris m.: general, commander-in-chief

vituperātiō, -ōnis, f.: blame, censure   5

cōnfīrmātiō, -ōnis, f.: a verifying of facts, an adducing of proofs

subtīlis, -e: fine, thin, precise

ōrātōrius, -a, -um: oratorical

ōrātiō, -ōnis, f.: speech

flōs, flōris, m.: flower, blossom

Orīginēs: title of a history of Rome written by Cato

Lȳsiās (pl. = Lȳsiae), Hyperīdēs (pl. = Hyperīdae): famous Athenian
  orators from the 5th & 4th centuries B.C., respectively

ignōrō (1): to ignore, not know, not acknowledge

sermō, -ōnis, m.: conversation, talk   10

horridus, -a, -um: shaggy, rough, unpolished

ita (adverb): in such a way, thus, so

loquor, loquī, locūtus sum (deponent verb): to speak (translate actively
  even though it is passive in form)

nōndum (adverb): not yet

polītus, -a, -um: polished, refined

simul (adverb): at the same time

nostrīs = nostrīs ōrātōribus

īnscītia, -ae, f.: ignorance

quod: the fact that (**quod**-clause explains **ea . . . īnscītia**)

antīquitās, -tātis, f.: ancientness, primitive simplicity   15

dēlectō (1): to delight, charm, please

nē . . . quidem: not even

volō, velle, voluī: to want, wish

nōlō, nōlle, nōluī: to not want, not wish, refuse

OLD AGE IS NOT A TIME FOR DESPAIR

GRAMMAR ASSUMED:

Special & Irregular Comparison of Adjectives

WHEELOCK: CHAPTER 27

Cicero wrote his philosophical treatise **On Old Age** *not long before his death; in it he argues that one's later years can be productive and happy.*

Ō miserrimum senem, quī mortem contemnendam esse in longissimā aetāte nōn videt! Mors aut plānē neglegenda est, sī exstinguit animum, aut etiam optanda est, sī aliquō animum dēdūcit ubi erit aeternus. Quid igitur timeō, sī aut nōn miser-
5 rimus post mortem, aut beātissimus etiam erō? At spērat adulēscēns diū sē vīctūrum esse; spērāre idem senex nōn potest. Īnsipienter autem adulēscēns spērat; quid enim stultius quam incerta prō certīs habēre, falsa prō vērīs? Senex, cui sunt nūllae spēs, beātior tamen est quam adulēscēns, et
10 minōrēs cūrās habet, quoniam id quod spērat iam habet; ille (adulēscēns) cupit diū vīvere, hic (senex) diū vīxit.
    Quamquam, ō dī bonī, quid est "diū" in hominis nātūrā? Nam etiam sī quis diūtissimē vīxerit (fuit, ut scrīptum videō, Arganthōnius quīdam, quī centum vīgintī annōs vīxerat),
15 mihi nōn diūturnum vidētur quicquam in quō est aliquid extrēmum. Hōrae quidem cēdunt et diēs et mēnsēs et annī, nec praeteritum tempus umquam revocātur nec futūrum scīrī potest. Tempus quod nōbīs datur, eō dēbēmus fēlīcēs esse et contentī.
    —adapted from Cicero, *On Old Age* 66–69

VOCABULARY:

senem: accusative of exclamation

contemnō, -ere, -tempsī, -temptus: to despise, make light of

plānē (adverb): plainly, completely

optō (1): to choose, wish for

aliquō: to some place (construe with **ubi**)

erit: subject = **animus**

5

īnsipienter (adverb): foolishly

incertus, -a, -um: uncertain

prō . . . habēre: to hold, regard (something) as a substitute for (something else)

falsus, -a, -um: false

tamen (adverb): yet, nevertheless

10

quamquam (conjunction): however, nevertheless, although

diūtissimē (adverb): for a very long time

ut (conjunction): as

Arganthōnius, -iī, m.: a Spanish king mentioned in Herodotus' *Histories*

centum vīgintī (indeclinable adjective): one hundred twenty

diūturnus, -a, -um: long

15

quisquam, quicquam (indefinite pronoun): anyone, anything (**quicquam** = subject of **vidētur**)

quidem (adverb): indeed

cēdō, -ere, cessī, cessus: to depart

aliquid extrēmum: something ultimate, i.e. a limit, an end

mēnsis, -is, m.: month

praetereō, -īre, -iī, -itus: to pass, pass by

eō = eō tempore quod nōbīs datur

contentus, -a, -um: satisfied with (+ ablative)

TWO LOVE POEMS BY CATULLUS

GRAMMAR ASSUMED:
*Subjunctive; Present Active
& Passive; Jussive; Purpose*

WHEELOCK: CHAPTER 28

*Catullus wrote over one hundred lyric poems on a variety of subjects;
those poems chronicling his love affair with Lesbia are among the most
inspired.*

Vīvāmus, mea Lesbia, atque amēmus; omnēsque rūmōrēs
senum graviōrum aestimēmus ūnīus assis. Sōlēs occidere et
redīre possunt; ubi semel occidit haec brevissima lūx, ūna
nox perpetua nōbīs est dormienda. Dā mihi bāsia mīlle,
5   deinde centum; deinde mīlle altera, deinde secunda centum:
deinde, ubi plūrima bāsia fēcerimus, conturbēmus illa, nē
sciāmus numerum bāsiōrum, aut nē quis malus numerum
invenīre possit atque invidēre.
    —adapted from Catullus, Poem 5

Mihi prōpōnis, mea vīta, iūcundum amōrem nostrum
10 futūrum esse perpetuum. Dī magnī, id sincērē Lesbia dīcat et
ex animō, ut possīmus tōtam vītam agere in hāc fēlīcissimā
amīcitiā!
    —adapted from Catullus, Poem 109

VOCABULARY:

Lesbia, -ae, f.: name of Catullus' fickle girlfriend

rūmor, -ōris, m.: rumor, talk

aestimō (1): to estimate, value

as, assis, m.: copper coin of little weight, "penny" (**assis** = genitive of value)

occidō, -ere, -cidī, -cāsus: to fall down, set

redeō, -īre, -iī, -itus: to go back, return

semel (adverb): once

nox, noctis, f.: night

dormiō (4): to sleep

bāsium, -iī, n.: a kiss

mille (indeclinable adjective): one thousand

deinde (adverb): then, next   5

centum (indeclinable adjective): one hundred

secundus, -a, -um: second

conturbō (1): to throw into confusion, put into disorder

possit: pres. subjunctive of **possum**

invideō, -ēre, -vīdī, -vīsus: to envy, be jealous

prōpōnō, -ere, -posuī, -positus: to put forward, propose

sincēre (adverb): sincerely, honestly   10

ex animō: from the heart

possīmus: pres. subjunctive of **possum**

QUINTILIAN PRAISES THE ORATORY OF CICERO

GRAMMAR ASSUMED:

Imperfect Subjunctive; Present & Imperfect Subjunctive of **Sum;** *Result*

WHEELOCK: CHAPTER 29

Quintilian, a renowned teacher and critic of oratory in the first century A.D., here compares Cicero favorably with Demosthenes and other Greek models of eloquence.

Ōrātōrēs Rōmānī ēloquentiam Latīnam Graecae parem facere possunt; nam Cicerōnem oppōnam cuicumque eōrum, etiam Dēmosthenī. Hōrum ego virtūtēs putō similēs: cōnsilium, ōrdinem, ratiōnem, omnia quae sunt inventiōnis. In
5   ēloquentiā est aliqua dīversitās: dēnsior ille, hic cōpiōsior, pugnat ille acūmine semper, hic pondere, cūrae plūs in illō, in hōc plūs nātūrae. M. Tullius autem mihi vidētur effīnxisse vim Dēmosthenis, cōpiam Platōnis, iūcunditātem Īsocratis. Nam quis docēre dīligentius, movēre vehementius potest?
10 Cui tanta iūcunditās umquam fuit ut iūdicem etiam gravissimum movēre posset? Iam in omnibus quae dīcit tanta auctōritās inest ut dissentīre pudeat et fidem nōn advocātī sed testis habēre ille videātur. Nōn immeritō igitur ab aetātis suae hominibus rēgnāre in iūdiciīs Cicerō dictus est, et posterī tan
15 tam glōriam eī dant ut Cicerō iam nōn hominis nōmen, sed ēloquentiae habeātur. Hunc igitur spectēmus; hoc exemplum nōbīs prōpositum sit; ille sē prōfēcisse sciat, quī didicit Cicerōnem dīligere.
   —adapted from Quintilian 10.1.105–112

VOCABULARY:

ēloquentia, -ae, f.: eloquence, speaking ability

pār (genitive **paris**): equal, like (+ dative)

oppōnō, -ere, -posuī, -positus: to set against, match

quīcumque, quaecumque, quodcumque: whoever, anyone ever

Dēmosthenēs, -is, m.: famous Greek orator

ōrdō, -dinis, m.: order, arrangement (of ideas)

inventiō, -ōnis, f.: invention, creativity (**quae sunt inventiōnis** = which are connected with invention)

dīversitās, -tātis, f.: difference, diversity   5

dēnsus, -a, -um: thick, condensed, concise

ille = Demosthenes; **hic** = Cicero

cōpiōsus, -a, -um: abundant, rich, full

pugnō (1): to fight, do battle

acūmen, -minis, n.: sharpness, cunning, subtlety

pondus, -deris, n.: weight, authority

effingō, -ere, -fīnxī, -fictus: to express, represent

Platō, -ōnis, m.: famous Greek philospher

iūcunditās, -tātis, f.: pleasantness, delight, charm

Īsocratēs, -is, m.: famous Greek orator

dīligentius: more carefully (from **dīligēns, -entis**)

vehementius: more emphatically (from **vehemēns, -entis**)

iūdex, -dicis, m.: judge, juror   10

iam (adverb): now, already

auctōritās, -tātis, f.: authority

dissentiō, -īre, -sēnsī, -sēnsus: to disagree

pudet (impersonal, used with infinitive): it is shameful

advocātus, -ī, m.: advocate, legal counselor

testis, -is, m. or f.: eye-witness (**testis** here = genitive)

immeritō (adverb): undeservedly, unjustly

rēgnō (1): to rule, reign

iūdicium, -iī, n.: trial, law court

posterī, -ōrum, m. pl.: descendants, posterity

                                                                                    15

spectō (1): to look at, regard

exemplum, -ī, n.: example, model

prōpōnō, -ere, -posuī, -positus: to set before

prōficiō, -ere, -fēcī, -fectus: to make progress

PLINY WRITES TO HIS FRIENDS

GRAMMAR ASSUMED:
Perfect & Pluperfect Subjunctive
Active & Passive; Indirect
Question; Sequence of Tenses

WHEELOCK: CHAPTER 30

Pliny's letters are an invaluable source of information about Roman high society in the late first century A.D.

Suscēnseō; nesciō an dēbeam, sed suscēnseō. Scīs quam inīquus interdum, quam impotēns saepe, quam levis semper sit amor. Nesciō an haec causa sit iūsta; magna tamen est, et ego graviter suscēnseō, quod fuērunt ā tē tam diū litterae nūl-
5 lae. Exōrāre mē potes ūnō modō, sī nunc saltem plūrimās et longissimās litterās mīseris. Haec mihi sōla excūsātiō vēra, cēterae falsae vidēbuntur. Nōn sum audītūrus "nōn eram in urbe" vel "occupātior eram"; nec dī sinant ut dīcās "infīr-mior." Cōgitā quantam cūram tibi habeam. Semper scrīpsistī
10 quid facerēs et fēcissēs. Nunc plūrimās et longissimās litterās mitte! Valē!
　　—adapted from Pliny, *Epistles* 2.2

Diū nōn librum in manūs, nōn stilum sūmpsī; diū nesciō quid sit ōtium, quid quiēs, quid illud iners sed iūcundum nihil agere, nihil esse: tam multa mē negōtia amīcōrum nec
15 Rōmā sēcēdere nec litterīs studēre patiuntur. Nūlla enim stu-dia tantī sunt, ut amīcitiae officium neglegātur. Valē!
　　—adapted from Pliny, *Epistles* 8.9

VOCABULARY:

suscēnseō, -ēre, -cēnsuī, -cēnsus: to be angry

an: whether (introducing an indirect question)

inīquus, -a, -um: unfair, unjust

interdum (adverb): at times, sometimes

impotēns (-entis): out of control, immoderate

levis, -e: light, fickle

iūstus, -a, -um: fair, just

tamen (adverb): nevertheless

graviter (adverb): deeply, severely

quod (conjunction): because

exōrō (1): to win over (by begging), appease   5

saltem (adverb): at least (modifying **nunc**)

mīseris: from **mittō**

excūsātiō, -ōnis, f.: excuse

vel (conjunction): or

occupātus, -a, -um: occupied, busy

sinō, -ere, sīvī, situs: to allow (**nec sinere** = to forbid)

infīrmus, -a, -um: weak, ill

10

stilus, -ī, m.: stylus, instrument for writing on wax tablets

sūmō, -ere, sūmpsī, sūmptus: to take up, lay hold of

quiēs, -ētis, f.: rest, repose

illud: modifies each infinitive phrase: "that...(state of) doing nothing, that...(state of) being nothing"

iners (-ertis): inactive, idle

negōtium, -iī, n.: business, affair

Rōma, -ae, f.: Rome (**Rōmā** = ablative of place from which)   15

sēcēdō, -ere, -cessī, -cessus: to withdraw, retire

studeō, -ēre, -uī: to study, pursue (+ dative)

patior, patī, passus sum: to allow, permit (translate actively)

tantī: genitive of value ("of so much worth")

LUCRETIA: PARAGON OF VIRTUE

GRAMMAR ASSUMED:
Cum *with the Subjunctive;* **Ferō**

WHEELOCK: CHAPTER 31

Livy, in the first part of his history of Rome, describes the downfall of the kings and the establishment of the republic. The following incident hastened the overthrow of Rome's final king, Tarquin the Proud.

Rōma regēbātur ā tyrannō superbō, cuius fīlius erat Sextus Tarquinius. Quādam nocte cum Tarquinius vīnum pōtāret cum amīcīs, coepērunt quisque uxōrem suam laudāre. Collātīnus dīxit suam Lucrētiam omnibus cēterīs praestāre: "Nōs
5 cōnferāmus in meās aedēs videāmusque quid mea uxor nunc agat. Tum sciētis quantō melior sit mea Lucrētia quam aliae." Omnēs respondērunt, "Discēdāmus!" Cum ad illās aedēs vēnissent, fidēlem Lucrētiam nōn lūdentem, sed lānam dūcentem invēnērunt. Sextus, cum vidēret quam pulchra et
10 pudīca Lucrētia esset, malō amōre captus est. Paucīs diēbus post, cum abesset Collātīnus, iste revēnit. Cum, cēnā oblātā, in hospitāle cubiculum ductus esset, ad dormientem Lucrētiam vēnit: "Tacē!" inquit. "Sextus Tarquinius sum; ferrum in manū ferō. Cēde mihi aut tē necābō!" Cum Lucrētia necārī
15 māllet, dēnique tamen vīcit Sextus eius pudīcitiam. Tum discessit. Sed Lucrētia omnia haec narrāvit Collātīnō, quī iūrāvit sē Sextum necātūrum esse. Tum Lucrētia sē necāvit, nē aliīs uxōribus videātur malō exemplō esse: "Ego mē culpā absolvō, sed poenā nōn līberō," moriēns dīxit.
   —adapted from Livy 1.57.6–58.11

VOCABULARY:

Rōma, -ae, f.: Rome, city on the Tiber River in Italy

regō, -ere, rēxī, rēctus: to rule

superbus, -a, -um: haughty, proud

Sextus Tarquinius, -iī, m.: son of Rome's seventh and last king, L. Tarquinius Superbus (ousted in 509 B.C.)

nox, noctis, f.: night

pōtō (1): to drink

coepērunt quisque: quisque is often used with a plural verb

uxor, -ōris, f.: wife

Collātīnus, -ī, m.: a noble Roman

Lucrētia, -ae, f.: Collatinus' wife

aedēs, -ium, f. pl.: house   5

quantō: ablative of degree of difference ("by how much")

lūdō, -ere, lūsī, lūsus: to play

lāna, -ae, f.: wool (**dūcere lānam** = to spin wool)

pudīcus, -a, -um: chaste, modest   10

paucīs diēbus = ablative of degree of difference ("by a few days")

post (adverb): afterwards, later

absum, abesse, āfuī, āfutūrus: to be away

cēna, -ae, f.: dinner, meal

hospitālis, -e: relating to a guest

cubiculum, -ī, n.: bedroom

dormiō (4): to sleep

taceō, -ēre, tacuī, tacitus: to be silent

necō (1): to kill

mālō, mālle, māluī: to wish rather, prefer   15

pudīcitia, -ae, f.: chastity

iūrō (1): to swear, take an oath

exemplum, -ī, n.: example, model (**exemplō** = dative of purpose)

absolvō, -ere, -solvī, -solūtus: to loosen, free

līberō: supply **mē** as the object

morior, morī, mortuus sum: to die (**moriēns** = present active participle)

VERGIL PRAISES THE RUSTIC LIFE

GRAMMAR ASSUMED:

Adverbs: Formation & Comparison;
Volō

WHEELOCK: CHAPTER 32

*In the **Georgics**, called by Dryden "the best Poem of the best Poet," Vergil urges a return to traditional Roman values, as exemplified by the virtuous, pristine way in which the Roman farmer and his family live.*

Ō nimium fortūnātōs agricolās, quibus facilem vīctum dīvitissima terra volēns fundit! Ōtium iūcundum, agrī longē patentēs, spēluncae vīvīque lacūs, mūgītūsque boum dulcēs-que sub arbore somnī ab eīs nōn absunt. Inter eōs iūra et lēgēs
5 diūtius manent; scelera prohibentur. Vīvit fēlīciter quī ratiōne potuit causās rērum cognōscere atque lūce scientiae metūs omnēs et pessimās cūrās ex suā mente expulit. Neque bella ācria illum terrent, neque saevī exercitūs, neque cētera pe-rīcula quae saepissimē hominēs timent. Dīvitiās et honōrēs
10 ille nōn tam fortiter amat, ut velit beneficia vītae rūsticae amit-tere. Cum pauper sit, tamen ille sibi vidētur pār rēgibus, cum fīliī parvī ipsīus ad eum celeriter accurrunt et cāra ōscula līberrimē offerunt. Huic dī immortālēs, fidēliter cultī, pācem perpetuam dant. Vītam similiter beātam quondam ēgērunt
15 Rōmulus et Remus.
    —adapted from Vergil, *Georgics* 2.458ff.

VOCABULARY:

fortūnātus, -a, -um: lucky (accusative of exclamation)

vīctus, -ūs, m.: food, sustenance, means of living

fundō, -ere, fūdī, fūsus: to pour forth

spēlunca, -ae, f.: cave, grotto

vīvus, -a, -um: living, running, fresh

lacus, -ūs, m.: lake

mūgītus, -ūs, m.: lowing, bellowing, mooing

bōs, bovis (genitive pl. = **boum**), m. or f.: ox, cow, cattle

arbor, arboris, f.: tree

somnus, -ī, m.: sleep

5

saevus, a, -um: fierce, violent, savage

rūsticus, -a, -um: rustic, rural, simple   10

accurrō, -ere, -currī, -cursus: to run up to

ōsculum, -ī, n.: kiss

colō, -ere, coluī, cultus: to cultivate, worship

Rōmulus, -ī, m.: Romulus, founder of Rome   15

Remus, -ī, m.: Remus, twin brother of Romulus

THE HELVETIANS PARLEY WITH CAESAR

GRAMMAR ASSUMED:
Conditions

WHEELOCK: CHAPTER 33

Caesar here illustrates how he, as commander of the Roman forces in Gaul, deals with an arrogant adversary.

Contrā Helvētiōs, quī in agrōs populōrum vīcīnōrum invādē-
bant, Caesar bellum suscēpit. Cum potuisset ūnō diē pontem
in Ararī facere et suum exercitum trādūcere, Helvētiī, quī
diēbus XX idem difficillimē cōnfēcerant, lēgātōs ad
5 eum mīsērunt. Hī ita dīxērunt: "Sī pācem populus Rōmānus nōbīscum faciet, in illīs fīnibus ubi volueris, manēbi-
mus. Sed sī bellō nōs diūtius premere in animō habēs, cōgitā
dē antīquā fāmā nostrā. Ita enim ā patribus māiōri-
busque nostrīs didicimus ut magis virtūte bellum gerāmus
10 quam īnsidiīs. Quod sī contrā nōs tuum exercitum dūcās,
nōn sōlum salūtem tuam, sed etiam honōrem populī Rōmānī certē āmittās."
    Hīs Caesar ita respondit: "Etiam sī vestrōrum priōrum
vitiōrum memoriam dēpōnere possem, certē nōn possem
15 ignōscere vestrīs novīs sceleribus. Nisi quōs obsidēs dabitis,
pācem vōbīscum nōn faciam."
    Helvētiī, sī Caesarī tum cessissent, meliōrem fortūnam
invēnissent. Sed īnsolenter respondērunt: "Nōbīs ā māiōri-
bus nostrīs hic mōs trāditus est: Helvētiī obsidēs accipiunt,
20 nōn dant."
    —adapted from Caesar, *The Gallic War* 1.13f.

VOCABULARY:

Helvētiī, -ōrum, m. pl.: Helvetians, one of the tribes living in ancient Gaul (now France and Switzerland)

vīcīnus, -a, -um: neighboring

invādō, -ere, -vāsī, -vāsus: to rush in, fall upon, seize

pōns, pontis, m.: bridge

Arar, Araris (ablative **Ararī**), m.: the river Arar (now Saône) which flows into the Rhône river

idem: i.e. **ūnō diē pontem in Ararī facere**

cōnficiō, -ere, -fēcī, -fectus: to complete, finish

lēgātus, -ī, m.: legate, ambassador

5

quod sī: but if

10

dēpōnō, -ere, posuī, -positus: to lay aside

ignōscō, -ere, -nōvī, -nōtus: to pardon, overlook (+ dative)

15

obses, -sidis, m. or f.: hostage

īnsolenter (adverb): arrogantly

SALLUST'S VIEW OF MANKIND

GRAMMAR ASSUMED:
*Deponent Verbs; Ablatives
with Special Deponents*

WHEELOCK: CHAPTER 34

*The Roman historian Sallust, in the preface to his monograph on the
Catilinarian conspiracy, outlines the faculties possessed by human beings
that make them superior to beasts.*

Omnēs hominēs quī cupiunt praestāre cēterīs animālibus
summā ope nītī dēbent, nē vītam silentiō trānseant velutī
pecora, quae nātūra fīnxit prōna atque ventrī oboedientia.
Sed nostra omnis vīs in animō et corpore sita est; animī impe-
5   riō, corporis servitiō ūtimur; alterum nōbīs cum dīs, alterum cum bēluīs commūne est. Mihi rēctius vidētur
glōriam quaerere ingeniī quam vīrium opibus et, quoniam
vīta ipsa quā fruimur brevis est, memoriam nostrī quam
maximē longam efficere. Nam dīvitiārum et fōrmae glōria
10   flūxa atque fragilis est; virtūs clāra aeternaque habētur.
    Sed multī mortālēs, dēditī ventrī atque somnō, indoctī
incultīque vītam sīcutī peregrīnantēs ēgērunt; quibus enim
contrā nātūram corpus voluptātī, anima onerī fuit. Eōrum ego
vītam mortemque iūxtā aestimō quoniam dē utrāque silētur.
15   Sed is dēmum mihi vīvere atque fruī animā vidētur, quī
aliquō negōtiō intentus praeclārī facinoris aut artis bonae
fāmam quaerit.
    —adapted from Sallust, *War with Catiline* 1–2

VOCABULARY:

praestō: takes dative object here

ops, opis, f.: power, might; (plural) resources

nītor, nītī, nīsus sum: to strive, make an effort

trānseō, -īre, -iī, -itus: to pass through

velutī (adverb): just as, just like

pecus, -oris, n.: cattle, herd

fingō, -ere, fīnxī, fictus: to form, fashion, make

prōnus, -a, -um: bent forward (i.e. not erect)

venter, -tris, m.: stomach, belly

oboediēns (-entis): obedient (+ dative)

situs, -a, -um: situated, placed, located

servitium, -iī, n.: service, servitude   5

alterum... alterum: i.e. **animus** and **corpus**

bēlua, -ae, f.: beast

rēctus, -a, -um: straight, right, proper

quaerere... et... efficere: both infinitives depend on **vidētur**

ingenium, -iī, n.: inborn talent, character, nature; **ingeniī...
     vīrium:** both genitives depend on **opibus** (ablative of means)

quam maximē longam = **quam longissimam**

efficiō, -ere, -fēcī, -fectus: to bring about, achieve

flūxus, -a, -um: flowing, changeable

                                                                           10

dēditus, -a, -um: addicted to, given over to

somnus, -ī, m.: sleep

indoctus, -a, -um: uneducated, ignorant

incultus, -a, -um: unsophisticated, not cultured

sīcutī (adverb): just as, just like

peregrīnor (1): to travel around, sojourn

voluptās, -tātis, f.: pleasure (**voluptātī** = dative of purpose)

onus, -neris, n.: burden (**onerī** = dative of purpose)

iūxtā (adverb): near, close, i.e. similar

aestimō (1): to judge, estimate, consider

uterque, utraque, utrumque: each (of two), either one

silētur: it's kept silent, nothing's said

dēmum (adverb): at last, finally (at end of argument)   15

negōtium, -iī, n.: business, occupation

intentus, -a, -um: intent on (+ ablative)

facinus, -oris, n.: deed, act

A CONVERSATION FROM ROMAN COMEDY

GRAMMAR ASSUMED:

Dative with Special Verbs;
Dative with Compounds

WHEELOCK: CHAPTER 35

Terence's **Self-Punisher** *was first performed in Rome in 163 B.C. In this scene from the comedy, Menedemus explains to his neighbor Chremes why he is punishing himself by working so hard.*

MENEDĒMUS: Fīlium ūnum adulēscentem habeō. Āh, cūr dīxī mē habēre? Immō habuī, Chremē; nunc utrum habeam necne incertum est. CHREMĒS: Cūr? ME: Sciēs. Puellam pauperem ille nimis amāre coeperat. Illum semper ad-
5 monēbam: "Dēbēs, mī fīlī, studēre dīvitiīs et honōribus, nōn falsīs lūdīs amōris. Ego, cum eram istud aetātis, praemia et glōriam in exercitū invēnī." Nunc Clīnia cum mīlitibus in Asi-am discessit, ut rēgī serviat et mihi placeat. CH: Quid ais? ME: Utinam nē eī persuāsissem! Meō fīliō, quem adiūvis-
10 se dēbēbam, gravissimē nocuī! Mihi ignōscere nōn pos-sum. Itaque, dum Clīnia propter mē multa mala patitur, poe-nās ipse etiam dabō, in agrō labōrāns, opibus parcēns, illī absentī serviēns. CH: Ego arbitror tē nōn adversō in fīlium tuum ingeniō esse et illum quidem velle tibi pārēre. Sed nec
15 tū illum satis nōverās, nec tē ille. Tū illum numquam osten-distī quantī penderēs, nec tibi ille est ausus crēdere. Sed spērō illum tibi salvum adfutūrum esse. Tibi parce, Mene-dēme! Absēns fīlius tē hoc facere vult. ME: Tū nōn dēbēs mīrārī, sī labōrāre potius dēsīderō. CH: Sī ita vīs, bene valē!
20 ME: Et tū!
    —adapted from Terence, *Self-Punisher* 93–167

VOCABULARY:

Menedēmus, -ī, m.: old man in Terence's *Self-Punisher*

immō: no, on the contrary; rather

Chremēs, -ētis (vocative **Chremē**), m.: Menedemus' neighbor

utrum...-ne: whether...or (double indirect question)

incertus, -a, -um: uncertain, unsure

5

falsīs lūdīs: deceitful games

istud aetātis: that of age, i.e. at that age of yours

Clīnia, -ae, m.: Menedemus' son

Asia, -ae, f.: Asia Minor

rēgī: one of the petty kings (successors to Alexander the Great) who hired Greek mercenaries to fight for them; the characters in Terence's plays are meant to be Greeks from the late 4th or early 3rd century B.C., not Romans of Terence's own lifetime (c. 190–159 B.C.)

ais: you say

utinam nē: would that . . . not (introducing a contrary-to-fact negative wish)

10

labōrō (1): to work, exert oneself

absēns (-entis): absent, away

ingenium, -iī, n.: nature, disposition, character (**ingeniō** = ablative of quality describing Menedemus)

15

pendō, -ere, pependī, pēnsus: to weigh, value, regard (+ genitive of value, "of how much worth")

salvus, -a, -um: safe, unhurt

adsum, -esse, -fuī, -futūrus: to be present, appear, come

potius (adverb): rather, preferably

A CRISIS IN ROMAN EDUCATION

GRAMMAR ASSUMED:

Jussive Noun Clauses; Fīō

WHEELOCK: CHAPTER 36

*Encolpius, narrator of Petronius' **Satyricon**, attacks the schools of his day (first century A.D.) on the grounds that the education they provide is totally irrelevant to the needs and experiences of the students.*

"Ego discipulōs in scholīs stultissimōs fierī putō, quod nihil, ex hīs quae in ūsū habēmus, aut audiunt aut vident, sed hominēs plēnōs timōris petentēs ā pīrātīs nē sē in catēnās inicerent, sed tyrannōs ēdicta scrībentēs quibus imperent
5   fīliīs ut capita patrum suōrum praecīdant, sed rēgēs ōrāculīs monitōs ut virginem dīs immolent nē pestilentia gravior fīat. Quī inter haec aluntur nōn magis sapere possunt quam bene olēre quī in culīnā vīvunt! Levibus enim atque turpibus dēclāmātiōnibus magistrī effēcērunt ut corpus ōrātiōnis ēner-
10 vārētur et caderet. Certē neque Platō neque Dēmosthenēs ad hoc genus exercitātiōnis accessit!"
     Nōn est passus Agamemnōn mē diūtius ōrāre: "Ego magistrōs fateor in hīs exercitātiōnibus peccāre, sed dēbēmus eīs ignōscere. Nam nisi dīxerint ea quae adulēscentibus pla-
15 cent, ut ait Cicerō, 'sōlī in scholīs relinquentur.' Parentēs culpā dignī sunt, quī nōn cūrant ut līberī suī sevērā lēge discant. Nunc, ut puerī, in scholīs lūdunt; ut iuvenēs, rīdentur in forō."
     —adapted from Petronius, *Satyricon* 1–4

VOCABULARY:

schola, -ae, f.: school

quod (conjunction): because

nihil . . . sed . . . sed . . . sed: nothing but . . . (but) . . . (but) . . .

ūsus, -ūs, m.: use, experience

hominēs . . . tyrannōs . . . rēgēs: accusative objects describing what the pupils *do* hear about in school

pīrāta, -ae, m.: pirate

sē: refers to **hominēs** (the people making the plea), not to **pīrātīs**

catēna, -ae, f.: chain

ēdictum, -ī, n.: decree, edict

caput, -pitis, n.: head   5

praecīdō, -ere, -cīdī, -cīsus: to cut off

orāculum, -ī, n.: oracle, divine utterance, prophecy

immolō (1): to sacrifice, kill as an offering to the gods

pestilentia, -ae, f: pestilence, plague

quī . . . quī: those who . . . those who

sapiō, -ere, sapīvī: to be wise, have good sense

oleō, -ēre, -uī: to smell (of), stink

culīna, -ae, f.: kitchen

dēclāmātiō, -ōnis, f.: set theme for a practice speech (**dēclāmātiōnibus** = ablative of means with **effēcērunt**)

ōrātiō, -ōnis, f.: oratory, speech, eloquence

ēnervō (1): to remove sinews from, weaken

cadō, -ere, cecidī, cāsus: to fall   10

Platō, -ōnis, m.: famous Greek philosopher

Dēmosthenēs, -is, m.: famous Greek orator

exercitātiō, -ōnis, f.: exercise, practice

Agamemnōn, -onis, m.: a rhetorician whom Encolpius meets

peccō (1): to sin, make a mistake, go wrong

parēns, -entis, m. or f.: parent   15

dignus, -a, -um: worthy of (+ablative)

sevērus, -a, -um: strict

ut (conjunction): as (i.e. when they are . . .)

lūdō, -ere, lūsī, lūsus: to play

iuvenis, -is, m.: a youth, young adult

forum, -ī, n.: political, judicial, commercial center in Roman cities

HORACE MEETS A BOORISH FELLOW

GRAMMAR ASSUMED:
Conjugation of Eō; Constructions of Place and Time

WHEELOCK: CHAPTER 37

In his Satires the Roman poet Horace pokes gentle fun at the foibles of human nature.

Ībam Viā Sacrā, ut soleō, cōgitāns dē rēbus meīs. Occurrit quīdam nōtus mihi nōmine tantum, raptāque manū, "Quid agis?" ait. "Suāviter," inquam. Cum ille sequerētur, ego, miserē discēdere quaerēns, modo ībam celerius, modo cōnsistē-
5   bam. Ille loquēbātur, viās et Rōmam laudāns. Ut illī nihil respondēbam, "Miserē cupis," inquit, "abīre." "Eō ad aedēs amīcī cuiusdam, longē trāns Tiberim," inquam. "Nihil habeō quod agam et nōn sum piger; sequar tē." Vēnerāmus ad templum Vestae, magnā iam parte diēī praeteritā, et ad lītem illī
10 respondendum erat; nisi hoc faciat, perdat lītem. "Sī mē amās," inquit, "manē hīc ut mē iuvēs!" "Peream, sī nōvī cīvīlia iūra," inquam. "Quid faciam?" inquit. "Tēne relin-quam an lītem?" "Mē." "Nōn faciam." Deinde Fuscus Aris-tius, mihi cārus amīcus, occurrit. Manum eius rapiō, nūtāns,
15 distorquēns oculōs, ut mē ēripiat. "Certē habēs aliquid quod vīs loquī mēcum," inquam. "Meminī bene, sed meliōre tem-pore dīcam; ignōscēs; necesse est mihi abīre." Fugit et mē sub cultrō relinquit. Deinde occurrit illī adversārius: "Quō tū tur-pissime abīs?" magnā vōce clāmat, et "Licet antestārī?" Ego
20 oppōnō auriculam. Rapit illum in iūs. Sīc mē servāvit Apollō.
   —adapted from Horace, *Satires* 1.9

VOCABULARY:

Via Sacra: Sacred Way, road running through the Roman Forum (**Viā Sacrā** = ablative of the way by which)

occurrō, -ere, -currī, -cursus: to run to meet, run up

tantum (adverb): only

suāviter (adverb): sweetly, pleasantly

miserē (adverb): miserably, terribly much

modo...modo: now...now; at one time...at another time

cōnsistō, -ere, -stitī, -stitus: to stop, halt

5

aedēs, -ium, f. pl.: house

Tiberis, -is (accusative **Tiberim**), m.: Tiber River

piger, -gra, -grum: lazy, slow

templum, -ī, n.: temple

Vesta, -ae, f.: Vesta, goddess of the hearth

praetereō, -īre, -iī, -itus: to go by, pass

līs, lītis, f.: lawsuit

respondendum erat: impersonal use of passive periphrastic (literally, "it had to be responded by him")

10

perdō, -ere, -didī, -ditus: to ruin, lose

cīvīlis, -e: civil

-ne: introduces a double question

an: or (introduces second part of a double question)

Fuscus Aristius, -iī, m.: Horace's friend

nūtō (1): to nod, gesture

distorqueō, -ēre, -torsī, -tortus: to twist apart, distort

15

meminī, -isse: to remember (perfect tense used for present)

necesse (indeclinable adjective): necessary

culter, -tris, m.: knife

adversārius, -iī, m.: opponent in a lawsuit

quō (interrogative adverb): to what place, whither?

clāmō (1): to call, cry out

antestor (1): to call as a witness

oppōnō auriculam: "I offer my earlobe for him to touch" to show that Horace agrees to be a witness against the man

20

Apollō, -linis, m.: Apollo, god of poetry and poets

CICERO SPEAKS ABOUT THE NATURE OF THE SOUL

GRAMMAR ASSUMED:
Relative Clauses of Characteristic;
Dative of Reference

WHEELOCK: CHAPTER 38

Near the end of his life Cicero wrote the Tusculan Disputations, *a philosophical discourse examining the essential ingredients of happiness. In the following passage he discusses the divine nature of the soul.*

Animōrum nūlla in terrīs orīgō invenīrī potest. Nihil enim est in animīs mixtum atque concrētum, aut quod ex terrā nātum atque fictum esse videātur, nihil nē aut ūmidum quidem aut flābile aut igneum. Hīs enim in nātūrīs nihil inest quod vim
5 memoriae, mentis, cōgitātiōnis habeat, quod et praeterita teneat et futūra prōvideat et complectī possit praesentia, quae sōla dīvīna sunt. Singulāris est igitur quaedam nātūra atque vīs animī sēiūncta ab hīs ūsitātīs nōtīsque nātūrīs. Ita, quicquid est illud quod sentit, quod sapit, quod
10 vīvit, quod viget, caeleste et dīvīnum ob eamque rem aeternum sit necesse est. Nec etiam deus ipse, quī intellegitur ā nōbīs, aliō modō intellegī potest nisi mēns solūta quaedam et lībera, sēgregāta ab omnī concrētiōne mortālī, omnia sentiēns et movēns ipsaque praedita mōtū sempiternō. Hōc ē
15 genere atque eādem ā nātūrā est hūmāna mēns.
—adapted from Cicero, *Tusculan Disputations* 1.66

VOCABULARY:

orīgō, -ginis, f.: source, origin

misceō, -ēre, miscuī, mixtus: to mix, mingle

concrētus, -a, -um: firm, concrete, solid

quod: its antecedent is **nihil**

fingō, -ere, fīnxī, fictus: to form, make, shape

ūmidus, -a, -um: wet, liquid

flābilis, -e: airy

igneus, -a, -um: fiery

nātūrīs: here refers to the four elements (earth, water, air, and fire) of
    which human beings were thought to be composed

cōgitātiō, -ōnis, f.: deliberation, thought   5

praeteritus, -a, -um: past, gone by

complector, -plectī, -plexus: to embrace, grasp, comprehend

quae = those abilities described in the **quod**-clause

singulāris, -e: singular, unique

sēiūnctus, -a, -um: separated, distinct

ūsitātus, -a, -um: customary, usual, ordinary

nōtus, -a, -um: known, familiar

nātūrīs: here again refers to the four elements

quisquis, quicquid (indefinite pronoun): whoever, whatever

sapiō, -ere, -īvī: to be wise, have understanding

vigeō, -ēre, viguī: to thrive, be lively   10

caelestis, -e: heavenly, celestial

ob (preposition + accusative): because of, on account of

sit: the subject of **sit** is **quicquid est illud quod . . . viget**

necesse (indeclinable adjective): necessary (supply **ut** before **sit**; that **ut**-
    clause is the subject of **necesse est**)

nisi mēns . . . quaedam: supply **est**

solūtus, -a, -um: loosened, unfettered

sēgregō (1): to segregate, separate

concrētiō, -ōnis, f.: material

praeditus, -a, -um: endowed (with)

motus, -ūs, m.: motion, movement

sempiternus, -a, -um: everlasting, eternal

CICERO EVALUATES TWO FAMOUS ROMAN ORATORS

GRAMMAR ASSUMED:

Gerund and Gerundive

WHEELOCK: CHAPTER 39

M. Antonius and L. Crassus were the leading orators of their age; Cicero, who, as a youth, had heard them speak in the forum, greatly admired their skills and regarded them as exemplars.

M. Antōnius, quasi imperātor cōpiās suās collocāns, omnia verba pōnēbat in maximē opportūnīs suae ōrātiōnis partibus. Gestibus nōn verbōrum exprimendōrum, sed sententiārum illūminandārum causā ūtēbātur. Etsī vōx eius subrauca
5 nātūrā, etiam hoc vitium in bonum ille convertēbat. Habēbat enim flēbile quiddam aptumque et ad fidem faciendam et ad misericordiam movendam. Ōrātōrī animōrum flectendōrum cupidō āctiōnem necesse est, ut Dēmosthenēs ait, in dīcendō plūrimī aestimāre.
10   Equidem etsī Antōniō tantam laudem dō quantam iam dīxī, tamen in L. Crassō erat summa gravitās, erat cum gravitāte iūncta Latīnē loquendī ēlegantia. Nam ut Antōnius aut sēdandīs animīs aut excitandīs incrēdibilem vim habēbat, sīc in interpretandō, in dēfīniendō, in explicandā aequitāte
15 nēmō erat melior quam Crassus. Id in Māniī Curiī causā cognitum est. Ita enim multa tum contrā scrīptum prō aequitāte Crassus dīxit ut hominem sapientissimum Q. Scaevolam vinceret argūmentōrum exemplōrumque cōpiā. Quārē ēloquentium iūrisperītissimus Crassus, iūrispe-
20 rītōrum ēloquentissimus Scaevola esse putābātur.
    —adapted from Cicero, *Brutus* 139–145

VOCABULARY:

Marcus Antōnius, -iī, m.: orator, consul in 99 B.C.

imperātor, -ōris, m.: commander-in-chief, general

collocō (1): to arrange, station, deploy

opportūnus, -a, -um: advantageous

ōrātiō, -ōnis, f.: oration, speech

gestus, -ūs, m.: gesture

exprimō, -ere, -pressī, -pressus: to represent

illūminō (1): to light up, make clear, adorn

subraucus, -a, -um: rather hoarse, husky-sounding

5

flēbilis, -e: tearful (**flēbile quiddam** = a certain doleful quality)

aptus, -a, -um: fit, suitable

misericordia, -ae, f.: pity, mercy

flectō, -ere, flexī, flexus: to bend

cupidō: modifies **ōrātōrī**

āctiō, -ōnis, f.: action (of an orator), delivery

necesse est: construe with dative and infinitive

Dēmosthenēs, -is, m.: famous Greek orator

plūrimī aestimāre: to consider of very much worth, i.e. to value most highly

equidem (adverb): indeed, truly

10

Lūcius Crassus, -ī, m.: orator, consul in 95 B.C.

gravitās, -tātis, f.: weight, dignity

sēdō (1): to soothe, calm

excitō (1): to arouse, provoke

interpretor (1): to explain, interpret

dēfīniō (4): to describe exactly, define

explicō (1): to give an account of, unfold

aequitās, -tātis, f.: fairness, spirit of the law

Mānius Curius, -iī, m.: litigant in a famous case

15

scrīptum, -ī, n.: written law, letter of the law

Quintus Scaevola, -ae, m.: lawyer, consul in 95 B.C.

argūmentum, -ī, n.: proof

exemplum, -ī, n.: example

ēloquēns (-entis): eloquent

iūrisperītus, -a, -um: expert in the law

HANNIBAL AND THE ROMANS FIGHT TO A DRAW

GRAMMAR ASSUMED:
Numerals; Genitive of the Whole

WHEELOCK: CHAPTER 40

Livy describes a hostile confrontation between Hannibal, the brilliant Carthaginian general, and the Roman consul Sempronius during the Second Punic War (218–201 B.C.).

Exercitus Hannibalis Appennīnum trānsīre nōn potuerat: magnus imber ventō mixtus oppugnāverat capita mīlitum; manūs eōrum et pedēs propter frīgus sēnsū caruerant. Multī hominēs mortuī erant, multa animālia: etiam perierant sep-
5 tem elephantī ex iīs quī semper adhūc superāverant. Dēgressus Appennīnō Hannibal ad Placentiam castra mōvit et decem mīlia passuum prōgressus cōnsēdit. Posterō diē duodecim mīlia peditum, quīnque equitum contrā hostem dūcit; nec Semprōnius cōnsul fugit proelium. Atque eō diē
10 tria mīlia passuum inter duo castra fuērunt; posterō diē magnīs animīs pugnāvērunt. Prīmō vīs Rōmānōrum ita superior fuit ut nōn sōlum vincerent, sed pulsōs hostēs in castra sequerentur et castra oppugnārent. Iam nōna diēī hōra erat, cum Rōmānus dux, cum nūlla spēs esset capiendōrum
15 castrōrum, mīlitibus imperāvit ut omnīnō sē reciperent. Hoc ubi Hannibal accēpit, extemplō, equitibus ēmissīs, in hostem ipse cum peditibus ē mediīs castrīs ērūpit. Ācriter pugnātum est, sed nox proelium dirēmit. Ab utrāque parte sescentī peditēs et trecentī equitēs cecidērunt; sed māior Rōmānīs iac-
20 tūra fuit, quod equestris ōrdinis tot virī et tribūnī mīlitum quīnque et praefectī sociōrum trēs sunt interfectī.
    —adapted from Livy 21.58–59

VOCABULARY:

Hannibal, -alis, m.: Carthaginian military leader, enemy of Rome

Appennīnus, -ī, m.: Appennine mountain range in Italy

imber, -bris, m.: rain

ventus, -ī, m.: wind

frīgus, -oris, n.: cold, coldness

semper adhūc: always up until now   5

superō (1): to be left over, overcome, survive

dēgredior, -gredī, -gressus: to march down from

ad = near, in the vicinity of

Placentia, -ae, f.: town on the Po River in Italy

castra, -ōrum, n. pl.: military camp

passus, -ūs, m.: step; **mīlle passūs** = one mile

prōgredior, -gredī, -gressus: to march forth, advance

cōnsīdō, -ere, -sēdī, -sessus: to take up a position, encamp

posterus, -a, -um: subsequent, following, next

pedes, -ditis, m.: foot-soldier, infantryman

eques, -quitis, m.: horseman, cavalryman

Semprōnius, -iī, m.: consul in 218 B.C., who fought Hannibal

proelium, -iī, n.: battle

                                                                        10

pugnō (1): to fight

sē recipere: to retreat   15

accipiō, -ere, -cēpī, -ceptus: to receive (word of), hear

extemplō (adverb): immediately

ērumpō, -ere, -rūpī, -ruptus: to break out, burst out

pugnātum est = pugnāvērunt

dirimō, -ere, -ēmī, -ēmptus: to break off, interrupt

uterque, utraque, utrumque: each (of two), both

cadō, -ere, cecidī, cāsus: to fall (dead)

iactūra, -ae, f.: loss, sacrifice

equester, -tris, -tre: equestrian (next after senatorial)   20

ōrdō, -dinis, m.: class, rank (in Roman society)

tribūnus mīlitum: military tribune, could command a Roman legion

praefectus sociōrum: prefect of the allies, commanded a non-Roman squadron

GLOSSARY

—A—

ā or **ab** (prep. + abl.): away from; by (agent)

abeō, -īre, -iī or **īvī, -itus:** to go away, depart, vanish, pass away, die

absēns, -entis: absent, away

absolvō, -ere, -solvī, -solūtus: to loosen, free

absum, abesse, āfuī, āfutūrus: to be away, be absent

accēdō, -ere, -cessī, -cessus: to come near, approach

accipiō, -ere, -cēpī, -ceptus: to receive, accept; receive word of, hear

accurrō, -ere, -currī, -cursus: to run up to

ācer, ācris, ācre: sharp, keen

aciēs, -ēī, f.: sharp edge, line of battle

ācriter (adv.): sharply, violently

āctiō, -ōnis, f.: action, delivery

acūmen, -minis, n.: sharpness, cunning, subtlety

acuō, -ere, acuī, acūtus: to sharpen

ad (prep. + acc.): to, up to

addūcō, -ere, -dūxī, -ductus: to induce, persuade

adhūc (adv.): thus far, hitherto, up until now

adiuvō, -āre, -iūvī, -iūtus: to help, encourage, sustain

administrō (1): to manage, take charge of, execute

admoneō, -ēre, -uī, -itus: to admonish, remind, suggest, warn, urge

adsideō, -ēre, assēdī, assessus: to sit near

adsum, -esse, -fuī, -futūrus: to be present to help, assist; appear, come

adulēscēns, -entis, m.: young man; f.: young woman

adventus, -ūs, m.: approach, arrival

adversārius, -iī, m.: adversary, opponent in a lawsuit

adversus, -a, -um: opposite, in front, unfavorable, hostile

advocātus, -ī, m.: advocate, legal counselor

aedēs, -ium, f. pl.: house

aequitās, -tātis, f.: fairness, spirit of the law

aes aliēnum, aeris aliēnī, n.: debt, another's money

aestimō (1) (+ gen.): to estimate, value, regard

aetās, -tātis, f.: lifetime, age, generation; **istud aetātis:** that of age, i.e. at that age of yours

aeternus, -a, -um: eternal, everlasting, immortal, imperishable

ager, -grī, m.: field, ground, farm

agō, -ere, ēgī, āctus: to drive; **agere vītam:** to live, spend one's life

āh (interjection): ah! oh!

āiō, ais, ait, āiunt (defective verb): to say, say yes, affirm

albus, -a, -um: white

aliquī, -qua, -quod: some, any

aliquis, aliquid (indef. pron.): somebody, something

aliquō (adv.): to some place

alius, -a, -ud: another, different

alō, -ere, -uī, altus or **alitus:** to feed, nourish, rear, support

alter, altera, alterum: the other; **alter...alter:** the one...the other

ambulō (1): to walk

amīcitia, -ae, f.: friendship

amīcus, -a, -um: friendly

amīcus, -ī, m.: friend

āmittō, -ere, -mīsī, -missus: to lose

amō (1): to love

amor, -ōris, m.: love, object of love

āmoveō, -ēre, -mōvī, -mōtus: to move away

an (conj. introducing 2nd part of double question): or

anima, -ae, f.: air, breath of life, spirit, mind

animal, ālis, n.: animal, living creature

animus, -ī, m.: soul, mind; pl.: high spirits, courage

annus, -ī, m.: year

ante (prep. + acc.): before

anteā (adv.): before, earlier

antestor (1): to call as witness

antīquitās, -tātis, f.: antiquity, primitive virtue

antīquus, -a, -um: ancient, old

aperiō, -īre, aperuī, apertus: to open

aptus, -a, -um: fit, suitable

arbitror (1): to decide, judge, think, suppose

arbor, -oris, f.: tree

arca, -ae, f.: box, chest

arduus, -a, -um: steep, difficult, hard

argūmentum, -ī, n.: proof

79

arma, -ōrum, n. pl.: arms, weapons

ars, artis, f.: skill, craft

arx, arcis, f.: citadel, fortress

as, assis, m.: copper coin of little weight, "penny"

asīlus, -ī, m.: gadfly

aspectus, -ūs, m.: look, glance

aspiciō, -ere, -spēxī, -spectus: to catch sight of, see

at (conj.): but (more emotional than **sed**)

atque or **ac:** and, and also, and even

attentē (adv.): attentively

auctōritās, -tātis, f.: authority

audāx, -ācis: bold, daring

audeō, -ēre, ausus sum: to dare

audiō (4): to hear, listen to

aureus, -a, -um: golden

auricula, -ae, f.: earlobe

auscultō (1): to listen to, hear

aut (conj.): or; **aut. . .aut:** either. . .or

autem (conj.): but, however

auxilium, -iī, n.: aid, assistance

avis, avis, f.: bird

—B—

bāsium, -iī, n.: a kiss

beātus, -a, -um: happy, prosperous, rich

bellum, -ī, n.: war, battle

bellus, -a, -um: pretty, handsome, charming

bēlua, -ae, f.: beast

bene (adv.): well; **bene est:** it goes well, things go well

beneficium, -iī, n.: kindness, favor, benefit, service, help, support

bonus, -a, -um: good

bōs, bovis, m. or f.: ox, cow; pl.: cattle

bracchium, -iī, n.: arm

brevis, -e: short, brief

brevitās, -tātis, f.: brevity, smallness, shortness

—C—

cadō, -ere, cecidī, cāsus: to fall

caecus, -a, -um: blind

caedēs, -is, f.: slaughter, massacre

caelestis, -e: heavenly, celestial

caelum, -ī, n.: heaven, sky

canis, -is, m. or f.: dog

cantus, -ūs, m.: song, birdcall

capiō, -ere, cēpī, captus: to take, seize, reach, arrive at

captīvus, -a, -um: captive, taken in war

caput, -pitis, n.: head

careō, -ēre, -uī, -itūrus (+ abl.): to be without, miss, keep away from, be free from, want, lack

cārus, -a, -um: dear, beloved

cāseus, -ī, m.: cheese

castīgō (1): to punish, chastise

castra, -ōrum, n. pl.: military camp

catēna, -ae, f.: chain

cauda, -ae, f.: tail

causa, -ae, f.: cause, reason, lawsuit, case; **causā** + preceding gen.: for the sake of, on account of

cavea, -ae, f.: cage

caverna, -ae, f.: cave

cēdō, -ere, cessī, cessus: to grant, concede, yield, depart, die

celer, -eris, -ere: quick, speedy

celeritās, -tātis, f.: speed, swiftness, haste

celeriter (adv.): quickly, speedily

cēna, -ae, f.: dinner, meal

centum (indecl.): one hundred

centum vīgintī (indecl.): one hundred twenty

certē (adv.): surely, certainly

certus, -a, -um: certain, particular, definite, sure, dependable

cerva, -ae, f.: deer, hind

cēterus, -a, -um: the other; pl.: the others, the remaining, the rest

cicāda, -ae, f.: cricket, grasshopper

cingō, -ere, cīnxī, cīnctus: to gird, encircle

cinis, -neris, m.: ash, ashes

cīvīlis, -e: civil

cīvis, -is, m. or f.: citizen, fellow citizen

clāmō (1): to call, cry out

clārus, -a, -um: bright, famous, illustrious

coepī, coepisse, coeptus (defective verb): to begin

cōgitātiō, -ōnis, f.: deliberation, thought

cōgitō (1): to think, consider

cognōscō, -ere, -nōvī, -nitus: to recognize

collocō (1): to place, arrange, station

collum, -ī, n.: neck

colō, -ere, coluī, cultus: to cultivate, cherish, worship

committō, -ere, -mīsī, -missus: to connect, unite, commit, entrust; engage in (battle)

commūnis, -e: common, public, universal, familiar

complector, -plectī, -plexus sum: to embrace, grasp, comprehend

concordia, -ae, f.: harmony, concord

concrētiō, -ōnis, f.: a growing together, material

concrētus, -a, -um: firm, concrete, solid

concurrō, -ere, -currī, -cursus: to run together, unite, strike one another, engage in combat

condō, -ere, -didī, -ditus: to hide, conceal

cōnferō, -ferre, -tulī, collatus: to bring together, contribute, discuss, talk over; sē cōnferre: to betake oneself, go

cōnficiō, -ere, -fēcī, -fectus: to complete, finish

cōnfīrmātiō, -ōnis, f.: a verifying of facts, an adducing of proofs

cōnservō (1): to preserve

cōnsīdō, -ere, -sēdī, -sessus: to take up a position, encamp

cōnsilium, -iī, n.: plan, consultation

cōnsistō, -ere, -stitī, -stitus: to stop, halt

cōnsul, -ulis, m.: consul, one of the two chief magistrates of the Roman state under the Republic

contemnō, -ere, -tempsī, -temptus: to despise, make light of

contentus, -a, -um (+ abl.): content, satisfied (with)

contineō, -ēre, -tinuī, -tentus: to hold or keep together, confine, contain

contrā (prep. + acc.): against

conturbō (1): to throw into confusion, put into disorder

convertō, -ere, -vertī, -versus: to cause to turn back, convert, transform

cōpia, -ae, f.: supply, abundance; pl.: troops, armed forces

cōpiōsus, -a, -um: abundant, rich, full

coquō, -ere, coxī, coctus: to cook

cornū, -ūs, n.: horn, trumpet

corpus, -poris, n.: body

corrumpō, -ere, -rūpī, -ruptus: to seduce, corrupt

crēdō, -ere, -didī, -ditus (+ dat.): to lend, loan, believe, trust

crūdēlis, -e: cruel

cubiculum, -ī, n.: bedroom

culīna, -ae, f.: kitchen

culpa, -ae, f.: fault, blame

culter, -tris, m.: knife

cum (prep. + abl.): with; (conj.): when, since, although

cupidus, -a, -um (+ gen.): desirous, fond (of)

cupiō, -ere, -īvī or iī, -ītus: to wish, be eager for, desire

cūr (relat. adv.): for which reason; (interrog. adv.): why? for what reason?

cūra, -ae, f.: care, anxiety

cūriōsus, -a, -um: curious, inquisitive

cūrō (1): to care for, look after, attend to

currō, -ere, cucurrī, cursus: to run, hurry

currus, -ūs, m.: chariot

curvus, -a, -um: curved, bent

custōs, -tōdis, m.: guard, watchman

—D—

dē (prep. + abl.): down from; about, concerning

dea, -ae, f.: goddess

dēbeō, -ēre, -uī, -itus: to owe; (+ inf.) have to, ought to

decem (indecl.): ten

dēclāmātiō, -ōnis, f.: declamation, set theme for a practice speech

dēdicō (1): to dedicate, consecrate

dēditus, -a, -um: addicted to, given over to

dēdūcō, -ere, -dūxī, -ductus: to lead away, dissuade

dēfīniō (4): to describe exactly, define

dēgredior, -gredī, -gressus sum: to march down from

deinde (adv.): (of place) from there; (of time) then, thereafter

dēlectō (1): to delight, charm, please

dēleō, -ēre, -ēvī, -ētus: to destroy, annihilate, extinguish

dēmum (adv.): at last, now, in the end (final stage of an argument)

dēnique (adv.): and then, finally, last (in a list of points)

dēnsus, -a, -um: thick, condensed, concise

dēpōnō, -ere, -posuī, -positus: to lay aside

dēsīderō (1): to desire, miss, long for

deus, -ī, m.: god

dīcō, -ere, dīxī, dictus: to say, speak; **causam dīcere:** to plead a case

dictātor, -ōris, m.: dictator

diēs, -ēī, m. or f.: day, time, period

difficilis, -e: difficult, hard

dignus, -a, -um (+ abl.): worthy (of)

dīligēns, -entis: careful, diligent

dīligentius (adv.): more carefully

dīligō, -ere, -lēxī, -lēctus: to love, esteem

dirimō, -ere, -ēmī, -ēmptus: to break off, interrupt

discēdō, -ere, -cessī, -cessus: to go away, depart, separate

discipulus, -ī, m.: pupil, student

discō, -ere, didicī: to learn

discordia, -ae, f.: discord, disagreement, sometimes personified as a goddess

dissentiō, -īre, -sēnsī, -sēnsus: to disagree

dissolvō, -ere, -solvī, -solūtus: to free, free from debt

distorqueō, -ēre, -torsī, -tortus: to twist apart, distort

diū (adv.): for a long time

diūtissimē (adv.): for a very long time

diūturnus, -a, -um: long, long-lasting

dīversitās, -tātis, f.: difference, diversity

dīves, -vitis: rich, wealthy

dīvīnus, -a, -um: divine

dīvitiae, -ārum, f.pl.: riches, wealth

dō, dare, dedī, datus: to give, offer

doceō, -ēre, docuī, doctus: to teach

dolor, -ōris, m.: pain, grief

domus, -ūs or **-ī,** f.: house, building, home, residence

dōnum, -ī, n.: gift, present

dormiō (4): to sleep, be asleep

dubitō (1): to doubt, be doubtful, hesitate

dūcō, -ere, dūxī, ductus: to draw, pull, lead, guide, command

dulcis, -e: sweet, pleasant, delightful

dum (conj.): while, as long as

duo, duae, duo: two

duodecim (indecl.): twelve

dux, ducis, m.: leader

—E—

ē or ex (prep. + abl.): (of space) out from within; (of time) from, following

ēdictum, -ī, n.: decree, edict

edō, -ere, ēdī, ēsus: to eat

efficiō, -ere, -fēcī, -fectus: to bring about, achieve, make, form

effingō, -ere, -fīnxī, -fictus: to express, represent

ego, meī, mihi, mē, mē: I, me

ēlegantia, -ae, f.: elegance, refinement

elephantus, -ī, m.: elephant

ēligō, -ere, -lēgī, -lēctus: to choose

ēloquēns, -entis: eloquent

ēloquentia, -ae, f.: eloquence

ēmittō, -ere, -mīsī, -missus: to release, send out

ēnervō (1): to remove sinews from, weaken

enim (postpos. conj.): for, truly

eō, īre, iī or **īvī, itus:** to go, walk, sail, ride

epulae, -ārum, f. pl.: feast, banquet

eques, -quitis, m.: horseman, cavalryman

equester, -tris, -tre: relating to horsemen, equestrian, relating to the Roman Knights

equidem (adv.): indeed, truly

equitātus, -ūs, m.: cavalry

equus, -ī, m.: horse

ērigō, -ere, -rēxī, -rēctus: to raise up, excite, arouse

ēripiō, -ere, -ripuī, -reptus: to snatch away, pull out, rescue, deliver

errō (1): to err, wander

ērumpō, -ere, -rūpī, -ruptus: to break out, burst out

et (conj.): and; **et . . . et:** both . . . and

etiam (adv): also, even

etsī (conj.): even if, although

excitō (1): to arouse, provoke

exclāmō (1): to cry out, call out

excūsātiō, -ōnis, f.: excuse

exemplum, -ī, n.: sample, example, model

exercitātiō, -ōnis, f.: exercise, practice

exercitus, -ūs, m.: army

exōrō (1): to win over (by begging), appease

expellō, -ere, -pulī, -pulsus: to banish, expel

explicō (1): to give an account of, unfold

expōnō, -ere, -posuī, -positus: to set forth, explain

exprimō, -ere, -pressī, -pressus: to represent, portray, express

exspectō (1): to wait for, expect

exstinguō, -ere, -stīnxī, -stīnctus: to extinguish, put out, destroy, kill, abolish, annul

extemplō (adv.): immediately

extraōrdinārius, -a, -um: not common, beyond the norm

extrēmus, -a, -um: extreme, outermost, at the end

—F—

fābula, -ae, f.: story, tale

facile (adv.): easily

facinus, -oris, n.: deed, act

faciō, -ere, fēcī, factus: to make, do

factum, -ī, n.: deed, act

falsus, -a, -um: mistaken, wrong, false, deceitful

fāma, -ae, f.: rumor, report, reputation

fateor, fatērī, fassus sum: to admit, acknowledge, disclose, reveal

fēlīciter (adv.): fruitfully, abundantly, favorably, luckily, happily

fēlīx, -īcis: fruit-bearing, fertile, happy, lucky, successful

fēmina, -ae, f.: woman

ferō, ferre, tulī, lātus: to bear, carry, produce, endure, acquire

ferrum, -ī, n.: iron, sword

fidēlis, -e: faithful, loyal

fidēliter (adv.): faithfully, loyally, securely

fidēs, -eī, f.: trust, faith, reliance, confidence, belief

fīlia, -ae, f.: daughter

fīlius, -iī, m.: son

fingō, -ere, fīnxī, fictus: to form, fashion, make

fīnis, -is, m.: boundary, border, limit, end, purpose

fīō, fierī, factus sum: to come into being, arise, become

flābilis, -e: airy

flamma, -ae, f.: flame

flēbilis, -e: tearful, doleful

flectō, -ere, flexī, flexus: to bend

fleō, -ēre, flēvī, flētus: to weep

flōs, flōris, m.: flower

flūmen, -minis, n.: river

flūxus, -a, -um: flowing, changeable

fōrma, -ae, f.: form, shape

formīca, -ae, f.: ant

fortis, -e: strong, mighty, brave

fortiter (adv.): strongly, vigorously, firmly, bravely

fortūna, -ae, f.: fortune, luck

fortūnātus, -a, -um: lucky

forum, -ī, n.: forum, the center of political, judicial, and commercial activities in Roman cities

fragilis, -e: fragile, perishable

frāter, -tris, m.: brother

frīgus, -oris, n.: cold, coldness

frūctus, -ūs, m.: produce, fruit, proceeds, profit, reward

fruor, fruī, frūctus sum (+ abl.): to enjoy, delight in

fugiō, -ere, fūgī, fugitūrus: to escape, leave, run away, avoid

fundō, -ere, fūdī, fūsus: to pour forth

futūrus, -a, -um: future

—G—

galea, -ae, f.: helmet

garriō (4): to babble, make incomprehensible sounds

gemma, -ae, f.: jewel, gem

gēns, gentis, f.: clan, stock, tribe, nation, offspring

genus, -eris, n.: kind, sort

gerō, -ere, gessī, gestus: to carry on, wage

gestus, -ūs, m.: gesture

gignō, -ere, genuī, genitus: to produce, give birth to

glōria, -ae, f.: glory, fame

grātia, -ae, f.: grace, charm, pleasantness, thanks, gratitude; grātiās agere (+ dat.): to give thanks (to)

gravis, -e: heavy, troublesome, hard, grave, serious

gravitās, -tātis, f.: weight, dignity

graviter (adv.): deeply, severely

—H—

habēna, -ae, f.: strap; pl.: reins

habeō, -ēre, -uī, -itus: to have, hold, possess; consider, regard (as)

hasta, -ae, f.: spear

hic, haec, hoc (demonstr. adj. & pron.): this

hīc (adv.): here

homō, -minis, m. or f.: human being, person, man

honor, -ōris, m.: honor, public office, esteem; **honōre habēre:** to hold (someone) in respect, to esteem

horridus, -a, -um: shaggy, rough, unpolished

hospitālis, -e: relating to a guest

hostis, -is, m.: enemy

humus, -ī, f.: ground, earth, soil

—I—

iaciō, -ere, iēcī, iactus: to lay, build, establish, throw, cast, fling

iactūra, -ae, f.: loss, sacrifice

iam (adv.): now; already; **iam nōn:** no longer

ibi (adv.): there, in that place; then, on that occasion

īdem, eadem, idem: the same

identidem (adv.): repeatedly, again and again

igitur (postpos. conj.): therefore, consequently

igneus, -a, -um: fiery

ignis, -is, m.: fire, conflagration

ignōrō (1): to ignore, not know, not acknowledge

ignōscō, -ere, -nōvī, -nōtus (+ dat.): to pardon, overlook

ille, illa, illud (demonstr. adj. & pron.): that

illūminō (1): to light up, make clear, adorn

imāgō, -ginis, m.: image, reflection

imber, -bris, m.: rain

immeritō (adv.): undeservedly, unjustly

immō (adv.): no, on the contrary, nay rather

immolō (1): to sacrifice, kill as an offering to the gods

immortālis, -e: immortal

immortālitās, -tātis, f.: immortality

impedīmentum, -ī, n.: hindrance, baggage

impediō (4): to hinder, get in the way

imperātor, -ōris, m.: general, commander-in-chief

imperium, -iī, n.: command, order, authority

imperō (1) (+ dat.): to order, command, govern, rule

impetus, -ūs, m.: attack, assault

impotēns, -entis: out of control, immoderate

in (prep. + abl.): in, on; (prep. + acc.): into, against, toward

incertus, -a, -um: uncertain, vague, obscure, doubtful, dubious

incipiō, -ere, -cēpī, -ceptus: to begin, start

incrēdibilis, -e: incredible

incultus, -a, -um: unsophisticated, not cultured

indoctus, -a, -um: uneducated, ignorant

iners, -ertis: inactive, idle

īnfīrmus, -a, -um: weak, ill

ingenium, -iī, n.: inborn talent, character, nature

iniciō, -ere, -iēcī, -iectus (+ dat. or in + acc.): to throw or fling into, inject

inīquus, -a, -um: unfair, unjust

inquam (defective verb): I say; **inquit:** he says, one says, it is said

īnscītia, -ae, f.: ignorance

īnsequor, -sequī, -secūtus sum: to pursue, follow after

īnsidiae, -ārum, f. pl.: ambush, plot

īnsipienter (adv.): foolishly

īnsolenter (adv.): arrogantly

īnsula, -ae, f.: island

īnsum, inesse, īnfuī, īnfutūrus: to be in, be found in (a place)

intellegō, -ere, -lēxī, -lēctus: to understand, perceive

intentus, -a, -um (+ abl.): intent (on)

inter (prep. + acc.): among, between

intereā (adv.): meanwhile

interficiō, -ere, -fēcī, -fectus: to destroy, kill

interim (adv.): meanwhile, in the meantime

interpretor (1): to explain, interpret

intersum, -esse, -fuī, -futūrus: to lie between, be present

invādō, -ere, -vāsī, -vāsus: to rush in, fall upon, seize

inveniō, -īre, -vēnī, -ventus: to find, discover

ipse, ipsa, ipsum (intensive pron.): himself, herself, itself, etc.

īra, -ae, f.: ire, anger

is, ea, id (demonstr. adj. & pron.): this, that, he, she, it

iste, ista, istud (demonstr. adj. & pron.): that, that of yours

ita (adv.): in such a way, thus, so

itaque (adv.): and so, accordingly

iterum (adv.): again

iubeō, -ēre, iussī, iussus: to order, appoint, designate

iūcunditās, -tātis, f.: pleasantness, delight, charm

iūcundus, -a, -um: pleasant, delightful, agreeable

iūdex, -dicis, m.: judge, juror

iūdicium, -iī, n.: trial, court, decision, judgment

iugum, -ī, n.: yoke

iungō, -ere, iūnxī, iūnctus: to join

iūrisperītus, -a, -um: expert in the law

iūrō (1): to swear, take an oath

iūs, iūris, n.: right, justice, law court

iūstus, -a, -um: fair, just

iuvenis, -is, m.: young man, youth

iuvō, -āre, iūvī, iūtus: to help, aid

iūxtā (adv.): near, close, next to, on a par with, similar

—L—

labor, -ōris, m.: labor, work, toil

labōrō (1): to work, labor

lacus, -ūs, m.: lake

laetus, -a, -um: happy, joyful

lāna, -ae, f.: wool; **dūcere lānam:** to spin wool

lateō, -ēre, -uī: to lie hidden, hide

laudō (1): to praise

laus, laudis, f.: praise, fame, merit, worth

lēgātus, -ī, m.: legate, ambassador

legiō, -ōnis, f.: legion, unit of the Roman army

legō, -ere, lēgī, lēctus: to gather, collect, pick out, choose, read

leō, -ōnis, m.: lion

levis, -e: light, fickle, unimportant, trivial

lēx, lēgis, f.: law, bill, motion, statute, rule, regulation, principle

līber, lībera, līberum: free

liber, -brī, m.: book

līberī, -ōrum, m. pl.: children

līberō (1): to set free, release

licet, -ēre, -uit (impers. + dat. & infin.): it is permitted, one may

ligneus, -a, -um: of wood, wooden

līs, lītis, f.: lawsuit

littera, -ae, f.: letter (of the alphabet); pl.: epistle, letter; literature

locus, -ī, m.: place, spot

longē (adv.): far, far off, long way off, away, distant

longus, -a, -um: long

loquor, loquī, locūtus sum: to speak

lūdō, -ere, lūsī, lūsus: to play

lūdus, -ī, m.: game, school

lūx, lūcis, f.: light, light of day, daylight

—M—

magis (adv.): more, rather

magister, -trī, m.: master, teacher

magnus, -a, -um: large, great, important

māiōrēs, -um, m. pl.: ancestors, forefathers

mālō, mālle, māluī: to wish rather, prefer

malum, -ī, n.: bad thing, evil, misfortune

mālum, -ī, n.: apple

malus, -a, -um: bad, wicked, evil

maneō, -ēre, mānsī, mānsus: to stay, wait, remain

manus, -ūs, f.: hand; band, company; force, violence

mare, maris, n.: sea

māter, -tris, f.: mother

mātrimōnium, -iī, n.: marriage

maximus, -a, -um: very great, greatest (superlative of **magnus**)

medius, -a, -um: middle, central, the middle of

membrum, -ī, n.: limb, part of the body

meminī, -isse (defective verb): to remember

memoria, -ae, f.: memory

mēns, mentis, f.: mind, thought

mēnsa, -ae, f.: table

mēnsis, -is, m.: month

merx, mercis, f.: merchandise, goods

metuō, -ere, metuī: to fear

metus, -ūs, m.: fear, anxiety, apprehension

meus, -a, -um: my

mīles, mīlitis, m.: soldier, infantryman

mīlia, -ium, n. pl.: thousands

mīlle (indecl.): one thousand

minor, minus: smaller, less

mīror (1): to be amazed at, be surprised at, look at with wonder, admire

misceō, -ēre, -uī, mixtus: to mix, mingle

miser, misera, miserum: poor, wretched, miserable, unhappy

miserē (adv.): miserably, terribly much

misericordia, -ae, f.: pity, mercy

mittō, -ere, mīsī, missus: to send, let fly, throw; omit, not mention; **mittere ad hōrās:** to send (someone) to find out the time

modus, -ī, m.: measure, size, limit; rhythm, meter; method, way, manner, mode; **modo...modo:** now...now; at one time...at another time

moenia, -ium, n. pl.: walls

moneō, -ēre, -uī, -itus: to remind, warn, advise, point out

mora, -ae, f.: delay

morior, morī, mortuus sum: to die

mors, mortis, f.: death, destruction

mortālis, -e: mortal, human; **mortālis, -is,** m. or f.: a mortal, a human being

mortuus, -a, -um: dead

mōs, mōris, m.: habit, custom, manner; pl.: habits, character

mōtus, -ūs, m.: motion, movement

moveō, -ēre, mōvī, mōtus: to move, arouse

mūgītus, -ūs, m.: lowing, bellowing, mooing

multitūdō, -dinis, f.: great number, multitude, crowd, throng

multus, -a, -um: much, many

mundus, -ī, m.: world, earth, heavens

mūniō (4): to fortify

mūrus, -ī, m.: wall, city wall

mūtō (1): to change, exchange

92

—N—

narrō (1): to tell, relate, narrate, recount

nāscor, nāscī, nātus sum: to be born, spring forth

nātūra, -ae, f.: nature

nauta, -ae, m.: sailor, mariner

nāvigō (1): to sail

nāvis, -is, f.: ship

nē (conj. introducing subj.): that . . . not; **nē . . . quidem** (adv.): not . . . even

-ne: enclitic added to the emphatic word at the beginning of a question

necesse (indecl.): necessary

necō (1): to kill

neglegō, -ere, -lēxī, -lēctus: to neglect, disregard

negōtium, -iī, n.: business, affair

nēmō, nūllīus, nēminī, nēminem, nūllō/ā, m. or f.: no one, nobody

neque or **nec** (conj.): and not; **neque . . . neque:** neither . . . nor

niger, nigra, nigrum: black

nihil or **nīl,** n. (indecl.): nothing

nimis (adv.): too much

nimium (adv.): too, too much, very, very much

nisi (conj.): if not, unless, except

nītor, nītī, nīsus sum: to strive, make an effort

nōlō, nōlle, nōluī: to not want, not wish, refuse

nōmen, -minis, n.: name

nōn (adv.): not

nōndum (adv.): not yet

nōnne: introduces a question expecting a positive answer

nōnus, -a, -um: ninth

nōs, nostrum or **nostrī, nōbīs, nōs, nōbīs:** we, us

nōscō, -ere, nōvī, nōtus: to be acquainted with, know

noster, -tra, -trum: our, ours

nōtus, -a, -um: known, familiar

nox, noctis, f.: night

nūbēs, -is, f.: cloud, mist

nūllus, -a, -um: none, no

num: introduces a question expecting a negative answer

numerus, -ī, m.: number

numquam (adv.): never

nunc (adv.): now

nūptiae, -ārum, f. pl.: wedding

nūtō (1): to nod, gesture

nympha, -ae, f.: nymph

—O—

ō (interjection): oh! O!

ob (prep. + acc.): because of, on account of

oboediēns, -entis (+ dat.): obedient

obses, -sidis, m. or f.: hostage

occidō, -ere, -cidī, -cāsus: to fall down, set (referring to the sun)

occīdō, -ere, -cīdī, -cīsus: to cut down, kill

occupātus, -a, -um: occupied, busy

occupō (1): to seize, occupy

occurrō, -ere, -currī, -cursus: to run to meet, run up

oculus, -ī, m.: eye

offerō, -ferre, obtulī, oblātus: to offer, bring forward

officium, -iī, n.: duty, service

oleō, -ēre, -uī: to smell (of), stink

omnīnō (adv.): wholly, entirely

omnis, -e: all, every

onus, -neris, n.: burden

oppōnō, -ere, -posuī, -positus: to put, place, station, present; set against, match

opportūnus, -a, -um: advantageous

opprimō, -ere, -pressī, -pressus: to press down, weigh down, put pressure on, suppress, subdue

oppugnō (1): to attack, assault

ops, opis, f.: help, aid; pl.: power, might, resources

optimus, -a, -um: best (superlative of **bonus**)

optō (1): to choose, wish for, desire

ōrāculum, -ī, n.: oracle, divine utterance, prophecy

ōrātiō, -ōnis, f.: speech, language, style, oration

ōrātor, -ōris, m.: orator, speaker, spokesman

ōrātōrius, -a, -um: oratorical

ōrdō, -dinis, m.: rank, order, socio-economic class; arrangement of ideas

orīgō, -ginis, f.: source, origin

ōrnāmentum, -ī, n.: decoration, fancy clothing

ōrō (1): to beg, entreat, plead with

ōscitō (1): to yawn

ōsculum, -ī, n.: kiss

ostendō, -ere, ostendī, ostentus: to show, exhibit, display; reveal, disclose, declare

ōtium, -iī, n.: leisure, free time, ease, idleness, inactivity

ovis, -is, f.: sheep

—P—

pār, paris (+ dat.): equal, like

parcō, -ere, pepercī, parsūrus (+ dat.): to spare, use sparingly, use carefully

parēns, -entis, m. or f.: parent

pāreō, -ēre, -uī (+ dat.): to obey, be obedient to

parō (1): to prepare, make ready, provide, furnish

pars, partis, f.: part, portion, share

parvus, -a, -um: small, little

passus, -ūs, m.: step; mīlle passūs: a mile

patēns, -entis: open, accessible, extensive

pater, -tris, m.: father

patior, patī, passus sum: to allow, permit, suffer

patria, -ae, f.: fatherland, native land

paucī, -ae, -a: few, a few

pauper, -eris: poor, scanty, meager; m.: a poor man, a pauper

pāvō, -ōnis, m.: peacock

pāx, pācis, f.: peace

peccō (1): to sin, make a mistake, go wrong

pecūnia, -ae, f.: money

pecus, -oris, n.: cattle, herd

pedes, -ditis, m.: foot-soldier, infantryman

pellō, -ere, pepulī, pulsus: to push, beat, strike, knock, drive out, repel

pendō, -ere, pependī, pēnsus (+ gen.): to weigh, value, regard

per (prep. + acc.): through; per sē: by oneself, on one's own authority

perdō, -ere, -didī, -ditus: to ruin, lose

peregrīnor (1): to travel around, sojourn

pereō, -īre, -iī or īvī, -itus: to pass away, pass on, die

perfectus, -a, -um: complete, finished, perfect, excellent

perīculum, -ī, n.: danger, risk

perpetuus, -a, -um: perpetual

persuādeō, -ēre, -suāsī, -suāsus (+ dat.): to persuade, convince

perturbō (1): to disturb, throw into confusion

pēs, pedis, m.: foot

pestilentia, -ae, f.: pestilence, plague

philosophia, -ae, f.: philosophy, love of wisdom

piger, -gra, -grum: lazy, slow

pīrāta, -ae, m.: pirate

placeō, -ēre, -uī, -itus (+ dat.): to please, be pleasing to, satisfy

plānē (adv.): plainly, completely

plaustrum, -ī, n.: wagon, cart

plēnus, -a, -um: full

plūrimus, -a, -um: very much, most (superlative of **multus**)

plūs, plūris: more (comparative of **multus**)

poena, -ae, f.: penalty, punishment; **poenās dare:** to pay the penalty

poēta, -ae, m.: poet

polītus, -a, -um: polished, refined

pondus, -deris, n.: weight, authority

pōnō, -ere, posuī, positus: to put, place; fix, post

pōns, pontis, m.: bridge

populus, -ī, m.: a people, the people, nation

porta, -ae, f.: city gate, gate, entrance

possessiō, -ōnis, f.: possession, occupation, estate

possum, posse, potuī: to be able

post (adv.): afterwards

post (prep. + acc.): after (time); behind (place)

posterus, -a, -um: subsequent, following, next; m. pl.: descendants, posterity

potēns, -entis: powerful, strong

potius (adv.): rather, preferably

pōtō (1): to drink

praecīdō, -ere, -cīdī, -cīsus: to cut off

praeclārus, -a, -um: very clear, very nice, splendid, noble

praeda, -ae, f.: loot

praeditus, -a, -um (+ abl.): endowed (with)

praefectus sociōrum: prefect of the allies, officer who commanded squadrons composed of non-Roman citizens

praemittō, -ere, -mīsī, -missus: to send out ahead, send in advance

praemium, -iī, n.: reward

praesentia, -ium, n. pl.: present circumstances

praesentiō, -īre, -sēnsī, -sēnsus: to perceive beforehand

praestō, -stāre, -stitī, -stitus (+ dat.): to excel, be superior to; show, exhibit, display

praetereō, -īre, -iī or **īvī, -itus:** to pass by, go by, pass over, omit

premō, -ere, pressī, pressus: to press, squeeze, chase, attack

prex, precis, f.: prayer

prīmus, -a, -um: first, foremost

prō (prep. + abl.): before, in front of, instead of, on behalf of, for

procul (adv.): far away

proelium, -iī, n.: battle

prōficiō, -ere, -fēcī, -fectus: to make progress

prōgredior, -gredī, -gressus sum: to march forth, advance

prohibeō, -ēre, -uī, -itus: to hold back, check, hinder, prevent, forbid

prōnus, -a, -um: bent forward

propinquitās, -tātis, f.: nearness, proximity

prōpōnō, -ere, -posuī, -positus: to put forward, propose

propter (prep. + acc.): near, on account of, because of, for the sake of

prōvideō, -ēre, -vīdī, -vīsus: to see to, provide for

prōvolō (1): to fly out, rush forth

pudet, -ēre, -uit (impers. + infin.): it makes one ashamed, it is shameful

pudīcitia, -ae, f.: chastity, modesty, honor, virtue

pudīcus, -a, -um: chaste, modest, virtuous

puella, -ae, f.: girl

puer, puerī, m.: boy

pugnō (1): to fight, do battle

pulcher, -chra, -chrum: beautiful

putō (1): to think, ponder, consider, suppose

—Q—

quaerō, -ere, quaesīvī, quaesītus: : to look for, search for, try to obtain

quamquam (conj.): although

quantus, -a, -um (relat. adj.): as great, as much; (interrog. adj.): how great? how much?

quasi (adv. & conj.): as if, as it were

quī, quae, quod (relat. pron. & interrog. adj.): who, which, what, that

quīcumque, quaecumque, quodcumque (indef. pron.): whoever, whatever

quīdam, quaedam, quiddam (indef. pron.) or **quoddam** (indef. adj.): (as pron.) a certain one or thing, someone, something; (as adj.) a certain, a kind of

quidem (adv.): indeed

quiēs, -ētis, f.: rest, repose

quīnque (indecl.): five

quis? quid? (interrog. pron.): who? what?

quisquam, quicquam (indef. pron.): anyone, anything

quisque, quaeque, quodque (indef. pron.): each

quisquis, quicquid (indef. pron.): whoever, whatever

quō (rel. adv.): to which place; (interrog. adv.): to what place? whither?

quod (conj.): because; **quod sī:** but if

quondam (adv.): once, at one time

quoniam (conj.): because, seeing that, since

—R—

rapiō, -ere, rapuī, raptus: to snatch

rāstrum, -ī, n.: rake, toothed hoe

ratiō, -ōnis, f.: calculation, consideration, reason

recipiō, -ere, -cēpī, -ceptus: to keep back, keep in reserve, withdraw

rēctus, -a, -um: straight, right, proper

reddō, -ere, -didī, -ditus: to give back, repeat

redeō, -īre, -iī or īvī, -itus: to go back, return

rēgia, -ae, f.: palace

rēgnō (1): to be king, reign, rule

regō, -ere, rēxī, rēctus: to rule

relinquō, -ere, -līquī, -lictus: to leave behind

remaneō, -ēre, -mānsī, -mānsus: to remain

remōtus, -a, -um: removed, distant, remote

rēs, reī, f.: thing, matter, affair, object; **rēs pūblica:** state, government

respondeō, -ēre, -spondī, -spōnsus: to answer

restituō, -ere, -stituī, -stitūtus: to restore

reveniō, -venīre, -vēnī, -ventus: to come again, return, come back

revocō (1): to call back, recall, withdraw (troops)

rēx, rēgis, m.: king

rīdeō, -ēre, rīsī, rīsus: to laugh at, ridicule, smile upon

rōbustus, -a, -um: strong, hardy

rogō (1): to ask, inquire

rūgōsus, -a, -um: wrinkled

rūmor, -ōris, m.: talk, rumor, popular opinion, fame, reputation

rursus (adv.): back, back again

rūsticus, -a, -um: rustic, rural, simple

—S—

sacerdōs, -dōtis, m.: priest; f.: priestess

saepe (adv.): often

saevus, -a, -um: fierce, violent, savage

saltem (adv.): at least

salūs, -ūtis, f.: health, welfare, prosperity, safety

salveō, -ēre: to be well; **salvē** or **salvēte:** hello!

salvus, -a, -um: safe, unhurt

sanguis, -inis, m.: blood, bloodshed

sapientia, -ae, f.: wisdom

sapiō, -ere, sapīvī: to taste, have flavor; be wise, have understanding

satis (indecl.): enough

scelus, -eris, n.: wicked deed, crime, wickedness, calamity

schola, -ae, f.: school

scientia, -ae, f.: knowledge, skill

scopulus, -ī, m.: rock, cliff

scrībō, -ere, scrīpsī, scrīptus: to write, draw

sēcēdō, -ere, -cessī, -cessus: to withdraw, retire

secō, -āre, secuī, sectus: to cut up

secundus, -a, -um: following, next, second

sed (conj.): but

sēdō (1): to soothe, calm

sēgregō (1): to segregate, separate

sēiūnctus, -a, -um: separated, distinct

semel (adv.): once

semper (adv.): always

sempiternus, -a, -um: everlasting, eternal

sēnātus, -ūs, m.: senate, senate session

senectūs, -tūtis, f.: old age

senēscō, -ere, senuī: to grow old

senex, senis: aged, old; m.: an old man; f.: an old woman

sententia, -ae, f.: opinion, view

sentiō, -īre, sēnsī, sēnsus: to perceive, notice

septem (indecl.): seven

sequor, sequī, secūtus sum: to follow, escort, accompany, pursue

sermō, -ōnis, m.: conversation, talk

serpēns, -entis, m. or f.: snake, sea-serpent

serviō (4): to serve, be devoted to, be a servant or slave

servitium, -iī, n.: service, servitude

servitūs, -tūtis, f.: slavery, servitude

servō (1): to preserve, protect

servus, -ī, m.: slave

sescentī, -ae, -a: six hundred

sevērus, -a, -um: strict

sex (indecl.): six

sī (conj.): if

sīcut or **sīcutī** (adv. or conj.): just like, just as

significō (1): to show, indicate, point out

signum, -ī, n.: sign, proof

silentium, -iī, n.: silence, **silentium significāre:** to signal for silence, call for silence

sileō, -ēre, -uī: to leave unmentioned, say nothing about

silva, -ae, f.: forest, wood

similis, -e (+ gen. or dat.): similar, resembling, like

similiter (adv.): similarly

simul (adv.): at the same time

sincērē (adv.): sincerely, honestly

sine (prep. + abl.): without

singulāris, -e: singular, unique

sinō, -ere, sīvī, situs: to allow

situs, -a, -um: situated, placed, located

sōl, sōlis, m.: the sun

soleō, -ēre, solitus sum: to be in the habit of, be accustomed

sōlus, -a, -um: alone, only

solūtus, -a, -um: loosened, unfettered

somnus, -ī, m.: sleep

spectō (1): to look at, regard

spēlunca, -ae, f.: cave, grotto

spērō (1): to hope for, expect, look forward to, trust

spēs, speī, f.: hope, expectation, apprehension

splendor, -ōris, m.: brightness, shine

stagnum, -ī, n.: pool of water

statua, -ae, f.: statue

stilus, -ī, m.: stylus, instrument for writing on wax tablets

strangulō (1): to strangle, choke

studeō, -ēre, -uī (+ dat.): to desire, be eager for, study, apply oneself

studium, -iī, n.: eagerness, keenness, devotion

stultus, -a, -um: foolish

suāviter (adv.): sweetly, pleasantly

sub (prep. + abl.): under, beneath; (prep. + acc.): along under

subraucus, -a, -um: rather hoarse, husky-sounding

subsellium, -iī, n.: bench, seat (in the lawcourt)

subtīlis, -e: fine, thin, precise

_____, suī, sibi, sē, sē (reflex. pron.): himself, herself, itself, themselves

sum, esse, fuī, futūrus: to be, exist

sūmō, -ere, sūmpsī, sūmptus: to take up, lay hold of

super (prep. + acc. or abl.): above, on top of

superbus, -a, -um: haughty, proud

superior, -ius: more advanced, stronger

superō (1): to be left over, overcome, survive

supplicō (1) (+ dat.): to pray to

surgō, -ere, -rēxī, -rēctus: to rise

suscēnseō, -ēre, -cēnsuī, -cēnsus: to be angry

suscipiō, -cipere, -cēpī, -ceptus: to catch, support, pick up, resume

suspendō, -ere, -pendī, -pēnsus: to hang up, suspend

suus, -a, -um: his, her, its, their (own)

—T—

taceō, -ēre, -uī, -itus: to be silent

tam (adv.): so; **tam diū dum:** so long as

tamen (adv.): yet, nevertheless, still

tangō, -ere, tetigī, tāctus: to touch, handle, taste

tantum (adv.): only

tantus, -a, -um: of such size, so great

taurus, -ī, m.: bull

templum -ī, n.: temple, shrine, sanctuary

temptō (1): to try (out), test

tempus, -oris, n.: time

teneō, -ēre, -uī, tentus: to hold

terra, -ae, f.: earth, ground, land

terreō, -ēre, -uī, -itus: to frighten, scare

testis, -is, m. or f.: witness, eye-witness

tignum, -ī, n.: log, stick, trunk of a tree

timeō, -ēre, -uī: to fear, be afraid of

timor, -ōris, m.: fear, alarm, dread

tolerō (1): to bear, tolerate

tollō, -ere, sustulī, sublātus: to lift, raise; abolish, destroy

tōtus, -a, -um: whole, entire

tractō (1): to drag, pull; treat, handle, manage

trādūcō, -ere, -dūxī, -ductus: to lead across, bring over

trahō, -ere, trāxī, tractus: to lead, drag, draw

trāns (prep. + acc.): across, over

trānseō, -īre, -iī or īvī, -itus: to go across, cross, pass through

trecentī, -ae, -a: three hundred

trēs, tria: three

tribūnal, -ālis, n.: raised platform for magistrates' chairs

tribūnus mīlitum: military tribune, officer who could command a legion in the Roman army

tū, tuī, tibi, tē, tē: you (singular)

tuba, -ae, f.: trumpet, war-trumpet

tum (adv.): then, at that time

tundō, -ere, tutudī, tūnsus: to hit, strike

turpis, -e: ugly, deformed, foul, dirty, obscene, disgraceful

tuus, -a, -um: your, yours (singular)

tyrannus, -ī, m.: tyrant

—U—

ubi (rel. adv. & conj.): where, when; (interrog. adv.): where?

ultimus, -a, -um: last, final

ūmidus, -a, -um: wet, liquid

umquam (adv.): ever, at any time

ūnus, -a, -um: one

urbs, urbis, f.: city

ūsitātus, -a, -um: customary, usual, ordinary

ūsus, -ūs, m.: use, experience

ut or **utī** (adv. or conj. introducing indic. or subj.): as, just as, when, that, so that, in order that

uter, utra, utrum: which (of two)

uterque, utraque, utrumque: each (of two), either one

utinam (conj.): if only, would that (introducing a wish)

ūtor, ūtī, ūsus sum (+ abl.) to use, make use of, enjoy; practice, experience

utrum...an or **utrum...-ne:** whether...or

uxor, -ōris, f.: wife

—V—

valeō, -ēre, -uī, -itūrus: to be strong, have power, be well; **valē** or **valēte:** good-bye!

vector, -ōris, m.: passenger, seafarer

vehementius (adv.): more emphatically

vel (conj.): or

vēlum, -ī, n.: sail

velut or **velutī** (adv. or conj.): just as, just like, even as, as if

veniō, -īre, vēnī, ventus: to come

venter, -tris, m.: stomach, belly

ventus, -ī, m.: wind

verbum, -ī, n.: word

vēritās, -tātis, f.: truth, reality, truthfulness, honesty

vērō (adv.): in truth, indeed

versus, -ūs, m.: turning; line, verse

vertō, -ere, vertī, versus: to turn, change

vērus, -a, -um: true, real

vester, -tra, -trum: your, yours (plural)

vexillum, -ī, n.: military banner, flag, standard

via, -ae, f.: way, road, street

vīcīnus, -a, -um: neighboring

victima, -ae, f.: sacrificial beast, victim

vīctus, -ūs, m.: food, sustenance, means of living

videō, -ēre, vīdī, vīsus: to see, look at

videor, -ērī, vīsus sum: to seem, seem best

vigeō, -ēre, -uī: to thrive, be lively

vigilō (1): to be awake, be vigilant; **vigilāns, -antis:** watchful, diligent

vincō, -ere, vīcī, victus: to conquer, vanquish, get the better of

vīnum, -ī, n.: wine

vir, virī, m.: man, hero

virgō, -ginis, f.: maiden, young girl

virtūs, -tūtis, f.: manliness, strength, valor, virtue

vīs, vīs, f.: force, power

vīta, -ae, f.: life

vitium, -iī, n.: fault, vice, crime

vituperātiō, -ōnis, f.: blame, censure

vīvō, -ere, vīxī, vīctus: to live

vīvus, -a, -um: living, running, fresh

vocō (1): to call, summon

volō, velle, voluī: to want, wish; **volēns, -entis:** willing, ready

volō (1): to fly

voluptās, -tātis, f.: pleasure, enjoyment, delight

vōs, vestrum or **vestrī, vōbīs, vōs, vōbīs:** you (plural)

vōx, vōcis, f.: voice